车用动力变革与能源零售业转型发展报告

罗艳托 ◎ 主编

石油工业出版社

内 容 提 要

本书基于中国石油规划总院对车用动力变革和能源零售业务转型的长期研究，系统梳理了中国"双碳"战略实施路径、区域碳达峰进程及政策措施，深入分析了新能源汽车及补能设施的发展现状与趋势，重点探讨了油气企业销售业务转型路径、加油站升级及综合能源服务站建设实践，最后对未来发展提出了建议。

本书可作为油气行业、销售终端新能源领域各专业科技管理人员、科研工作者以及石油院校相关专业师生的参考用书。

图书在版编目（CIP）数据

车用动力变革与能源零售业转型发展报告 / 罗艳托主编 . -- 北京：石油工业出版社，2025.8. -- ISBN 978-7-5183-7785-5
Ⅰ. U469.7
中国国家版本馆 CIP 数据核字第 2025Q9K948 号

出版发行：石油工业出版社
（北京安定门外安华里二区 1 号楼　100011）
网　　址：www.petropub.com
编辑部：（010）64523546　图书营销中心：（010）64523633
经　销：全国新华书店
印　刷：北京九州迅驰传媒文化有限公司

2025 年 8 月第 1 版　2025 年 8 月第 1 次印刷
710 毫米 ×1000 毫米　开本：1/16　印张：8.75
字数：160 千字

定价：60.00 元
（如出现印装质量问题，我社图书营销中心负责调换）
版权所有，翻印必究

《车用动力变革与能源零售业转型发展报告》编委会

主　　编：罗艳托

副 主 编：张　蕾　贾博程　魏　昭　丁少恒

编写人员：王　兵　赵海生　周建国　曲子洲　梁　刚　张耀坤
　　　　　李玉龙　董震宇　雒士军　韩　冰　陈德近　李　波
　　　　　刘　欣　赵春宏　顾聪聪　蔡德洪　辛凤影　陈　倩
　　　　　罗　斌　潘多煜　哈彦斌　王　强　周金城　于慧妍
　　　　　庞前涛　于庆良　梁万雄　于　程　彭　澎　徐克琪
　　　　　仇　玄　齐　超　牛战壕　田晓光　孙　旭　朱建兴
　　　　　窦晓东　李晓虎　杜华健　戚石光　任建红　吴小康
　　　　　彭　朋　韩延涛　张　实　徐凯峰　张志光　孔劲媛
　　　　　张　哲　张庆辰　张虹雨　高鲁营　高　洁　李　想
　　　　　李叶琛　龙迁羽　张瑞敏　何思佳　史鹏圣　车燕玲
　　　　　陈梅花　吴　莎　汪　冰　董青松　王梅娟　任丽娟
　　　　　罗　彤　李　虹　马　静　宋　洋　周　萌　吴俊杰
　　　　　李增贵　王　飞　孙旭波　邱豫超　李明轩　王　睿
　　　　　鲍楚慧　陈　雯　牛　梅

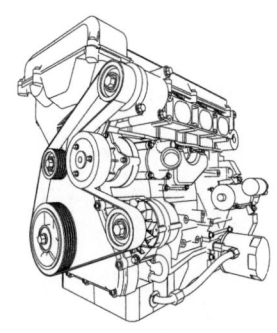

前　言

自 2020 年我国提出"双碳"目标以来，在碳达峰碳中和的目标愿景下，我国能源结构加速优化调整，总体发展方向是"用能电气化、电力低碳化"。在交通运输领域，汽车动力加快向清洁化、电动化转型。国内新能源汽车产销量快速增长，渗透率屡创新高，保有量持续攀升。同时，随着新能源汽车的蓬勃发展和车用动力电动化转型，国内成品油需求于 2024 年触顶下滑，中远期成品油需求将大幅减少。因此，油气企业的成品油销售业务和加油站转型已迫在眉睫。随着汽车动力转型，传统油气加注业务逐渐向充电、换电、加氢等新能源业务转型，在政策支持下国内充电、换电、加氢等新型补能基础设施得到了快速发展。但是，实践探索表明，充电"去中心化"和"分散化"的特点，以及充电、换电、加氢等盈利能力远低于传统油气销售业务的现实，导致油气企业销售业务的转型不能完全依托传统油气产业链和现有加油站。为此，本书从新能源产业链打造、销售业态重塑等方面深入探讨了油气企业销售业务和加油站转型的路径及综合能源服务站的打造方法，并提出了转型发展展望和相关配套建议。

本书共六章，罗艳托负责整体框架设计和全书统稿工作，丁少恒、张蕾和魏昭承担了部分章节的编写与审核工作，隋昊等领导和专家对全书内容进行了专业指导和最终审定。

受编著者水平所限，书中难免存在不尽如人意之处，真心希望得到读者批评和指正。

目录 CONTENTS

第一章 中国"双碳"战略蓝图与实现路径

第一节 国家"双碳"战略顶层设计 ·································· 002
第二节 "双碳"战略实施挑战分析 ·································· 003
第三节 分阶段减排目标体系 ·· 005
第四节 "双碳"目标实现路径 ······································ 007
第五节 "1+N"政策支撑体系 ······································ 010
第六节 碳交易市场机制建设 ·· 014
第七节 销售企业助力实现"双碳"目标措施 ························ 016

第二章 区域碳达峰速度及采取措施

第一节 区域碳达峰进程 ·· 020
第二节 交通领域碳减排政策分析 ···································· 021
第三节 重点城市交通电动化提速 ···································· 022
第四节 海南打造"国家级新能源汽车全域应用示范区" ·············· 023
第五节 山西定位"国家资源型经济转型综合配套改革试验区" ········ 025

第三章 新能源汽车和补能设施发展现状及趋势

第一节 新能源汽车发展趋势 ·· 030
第二节 光伏发电 ·· 046
第三节 充电业务 ·· 054

第四节 换电业务 062
第五节 加氢业务 071
第六节 天然气汽车及加气业务 083
第七节 市场导向和转型方向 089

第四章 油气企业销售业务转型探索

第一节 "四大赛道"探索和评价 094
第二节 新能源产业链打造 096
第三节 销售业态重塑 098

第五章 加油站转型和综合能源服务站建设

第一节 加油站转型路径 102
第二节 综合能源服务站建设范式 103

第六章 展望与建议

第一节 智慧化建设 120
第二节 投资策略 121
第三节 考核引领 122
第四节 机构设置 123
第五节 人才培养 125
第六节 跟踪研究 126

参考文献 128

第一章
中国"双碳"战略蓝图与实现路径

为了应对全球气候变化，中国提出了"双碳"战略目标，但由于碳排放规模大、时间紧迫，中国"双碳"战略的实施面临巨大挑战。为了实现"双碳"战略，中国提出了分阶段的减排目标和配套"1+N"政策体系，碳交易市场也上线交易。本章从能源碳排放、行业碳排放的角度分析了"双碳"目标的实现路径是能源结构的调整和产业结构的优化。交通运输行业是碳排放第三大行业，未来车用动力能源结构的调整方向是用能电气化、电力低碳化。国内碳交易市场机制逐渐建立，并且上线交易，覆盖行业逐渐拓展、碳价不断攀升，给各行业提出了更严厉的减排要求。对于传统油气企业的零售终端来说，发展光伏发电和充电、换电、加氢、加气等清洁和新能源业务，推动能源多元清洁化发展、加大新能源的推广销售力度，同时提升运营效率和节能减排的力度，无疑是助力国家"双碳"战略目标实现的有效措施。

第一节　国家"双碳"战略顶层设计

在全球应对气候变化的大背景下,中国积极担当,展现大国责任。2020年9月22日,习近平主席在第七十五届联合国大会一般性辩论上庄严宣告,中国二氧化碳排放力争于2030年前达到峰值,努力争取在2060年前实现碳中和,这一承诺被简称为"双碳"目标,向世界彰显了中国推动绿色低碳转型、应对全球气候变化的坚定决心。

"碳达峰"是指全球、国家、城市、企业等不同层面的碳排放总量在某一特定时刻达到历史最高值,随后便开启逐步下降的进程(图1-1)。这一峰值的出现,意味着该主体在碳排放方面已触顶,后续的减排行动将成为发展的关键任务。从全球范围来看,不同国家由于经济结构、能源体系、发展阶段等因素的差异,碳达峰的时间和峰值水平各不相同。一些发达国家,如英国、德国等,凭借其较早的工业化进程和近年来对能源转型的大力投入,已陆续实现了碳达峰。而多数发展中国家,正处于经济快速增长和工业化、城市化加速推进的阶段,碳排放总量仍呈现上升态势,但也纷纷制定了各自的碳达峰规划,努力推动经济增长与碳排放脱钩。

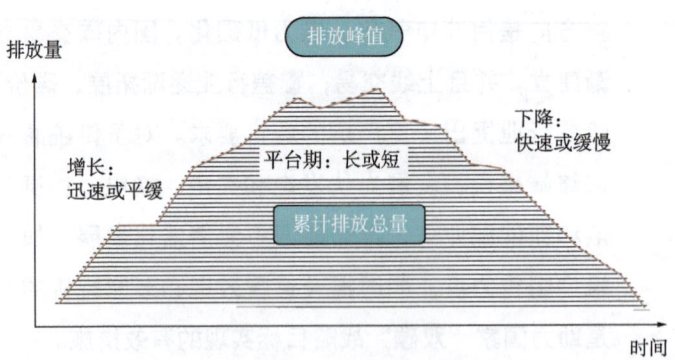

图1-1　碳达峰示意图

"碳中和"同样意义重大且内涵丰富。企业、团体或个人,在一定时间跨度内,其直接或间接产生的温室气体排放总量,需要通过诸如植树造林、节能减排、发展可再生能源等一系列积极有效的措施,来抵消自身产生的二氧化碳等排放量,最终实现二氧化碳等"净零排放",即达到了碳中和。这一目标的实现,要求整个社会经济系统在能源生产与消费、产业结构布局、生产生活方式等方面进行全方位、深层次的变革。

2019年中国二氧化碳排放量达102亿吨,2022年攀升至114.8亿吨,到2023年更是增长至126亿吨,且仍呈现增长趋势。这一增长态势与我国仍在持续推进的工业化、城市化进程密切相关,大量的基础设施建设、工业生产以及居民生活水平提高带来的能源需求增长,导致碳排放总量居高不下。尽管我国在生态建设方面成效显著,但与庞大的碳排放总量相比,森林碳汇的吸收能力相对有限。据预测,到2030年我国碳排放峰值将达到约130亿吨。在碳吸收途径方面,植被的碳吸收能力最多可达排放总量的32%,海洋最多能吸纳22%,然而,仍有46%的碳需要依靠碳减排以及碳捕集、利用和封存(CCUS)等手段来解决。目前,CCS和CCUS技术由于成本高昂,在大规模推广应用上存在诸多困难。以碳捕集为例,其设备投资巨大,运行过程中能耗极高,使得许多企业难以承受。建设一套完整的碳捕集装置,对于一个中等规模的发电企业,可能需要数亿元的前期投资,且在运行过程中,为了捕集二氧化碳,会消耗大量的能源。

综上所述,为了成功实现"双碳"目标,在综合考量各种减碳措施的可行性与成本效益后,碳减排无疑成为最为关键且现实的选择。通过全社会各领域坚定不移地推进碳减排工作,从能源结构调整、产业升级转型、技术创新突破等多方面协同发力,才能有效降低碳排放总量,逐步实现碳达峰碳中和目标。这不仅能为全球应对气候变化贡献中国力量,也将为我国自身的可持续发展奠定坚实基础。

第二节　"双碳"战略实施挑战分析

一、中国碳排放量全球最大且仍在增长

经济发展对能源需求量以及产生的碳排放量仍在增加。我国仍处于工业化、城市化的快速发展阶段,大规模的基础设施建设需要消耗大量的钢铁、水泥等建材,而这些建材的生产过程往往伴随着高能耗与高排放。工业生产规模的不断扩张,尤其是钢铁、化工、建材等传统高耗能行业,对能源的需求持续增加,导致碳排放总量居高不

下。居民生活水平的提高，使得家电、汽车等耐用消费品的保有量快速增长，家庭用电、用气以及交通出行等方面的能源消耗也相应增多，进一步推动了碳排放量的上升。2018年，我国温室气体排放总量达到135亿吨左右，位居世界第一，为美国的2倍，欧盟28国的3倍，全球占比达到24%，如图1-2所示。尽管我国在节能减排方面采取了诸多措施，但经济发展对能源的巨大需求使得碳排放总量在短期内仍难以出现明显的下降趋势。

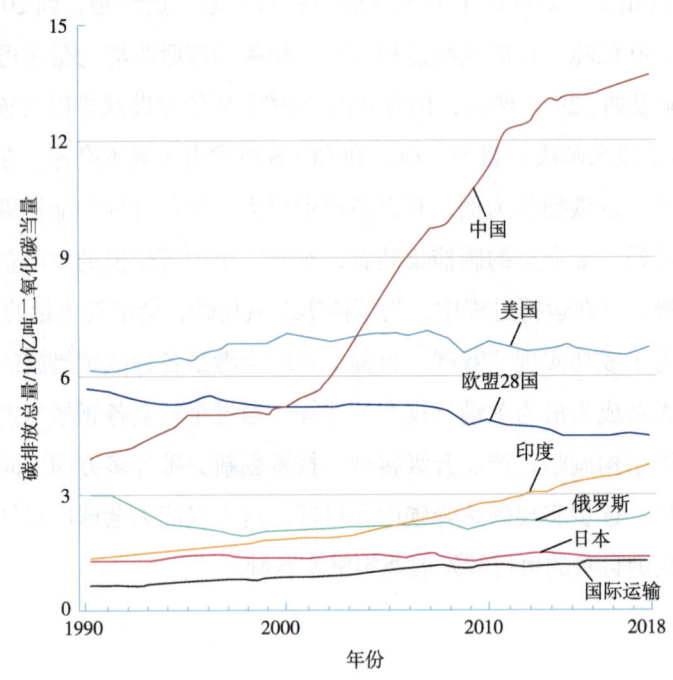

图1-2 各主要国家碳排放总量对比

二、减排目标时间紧迫，远短于发达国家

从时间维度来看，中国实现碳达峰碳中和目标的时间紧迫程度超乎想象。与发达国家相比，我国实现碳达峰的剩余时间已不足6年，而发达国家从实现工业化到碳达峰，历时大多在100年左右。英国在19世纪完成工业化后，经过漫长的产业结构调整和能源转型，于20世纪70年代实现碳达峰；德国在工业化进程中，也经历了近百年的发展才迎来碳达峰。我国不仅要在极短的时间内实现碳达峰，而且从碳达峰到碳中和的时间仅为30年，远短于发达国家所需的40~70年（图1-3）。在如此有限的时间内，我国需要完成能源结构的深度调整、产业的全面升级转型以及全社会绿色发展理念和行为模式的转变，每一项任务都面临着巨大的挑战。

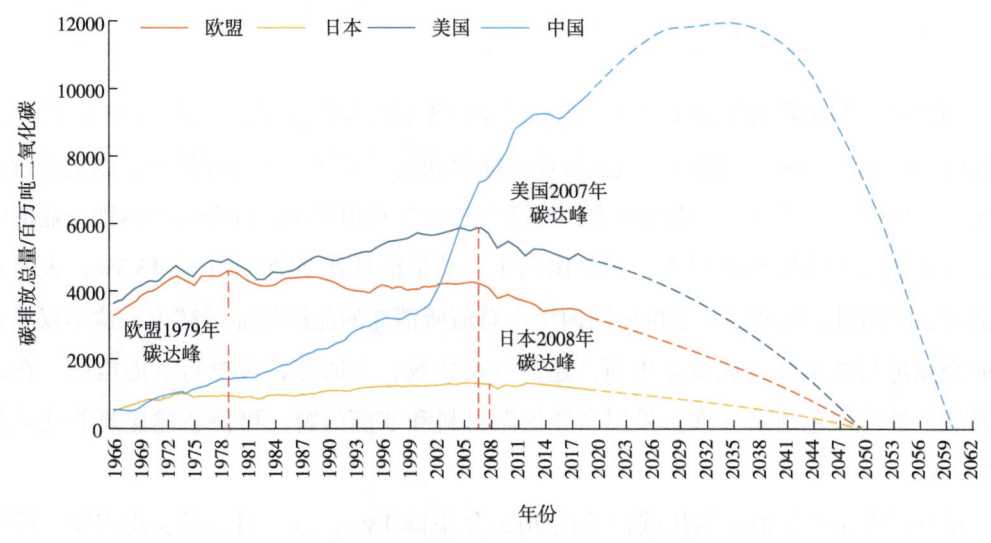

图 1-3　各主要经济体的碳达峰中和进程

三、碳达峰及碳中和耗资巨大

清华大学和北京大学的相关研究表明，我国要实现碳中和目标，预计需花费 136 万亿元，这一巨额资金需求涵盖了能源转型、节能减排技术研发与应用、生态系统保护与修复、绿色基础设施建设等多个领域。在能源转型方面，为了降低对化石能源的依赖，大力发展风能、太阳能、水能、核能等清洁能源，需要建设大量的发电设施、输电线路以及储能装置。企业在进行节能减排改造时，往往面临资金短缺的困境，难以承担设备更新、技术引进等方面的费用。如此巨大的资金需求，对于我国的财政实力和社会资本的动员能力都是严峻的考验。

第三节　分阶段减排目标体系

依据《中共中央　国务院关于完整准确全面贯彻新发展理念做好碳达峰碳中和工作的意见》，我国明确了一系列具有重大战略意义的节能减排阶段目标，这些目标指引着我国迈向碳达峰碳中和的征程。

一、2025 年：奠定绿色发展基石

2025 年，我国致力于初步构建绿色低碳循环发展的经济体系，这是一场全方位、深层次的经济变革。在这一阶段，重点行业的能源利用效率将迎来大幅提升。以钢铁行业为例，通过推广先进的高炉炼铁技术，提高余热回收利用效率，部分大型钢铁企业的吨钢综合能耗有望降低 10% 以上。单位国内生产总值能耗比 2020 年下降 13.5%，表明在经济增长的同时，每创造一单位的国内生产总值所消耗的能源将显著减少。这不仅要求工业企业进行技术改造和设备更新，还需要在建筑、交通等领域推行节能措施。在建筑领域，推广绿色建筑标准，采用高效保温材料和节能门窗，可使新建建筑能耗降低 20%~30%。

单位国内生产总值二氧化碳排放比 2020 年下降 18%，这一目标的实现需要从能源结构调整、产业结构优化等多方面发力。在能源结构方面，非化石能源消费比重达到 20% 左右是关键指标。我国将加大对风能、太阳能、水能、生物质能等可再生能源的开发利用力度。在西部地区，大量的风电和光伏项目正在如火如荼地建设，仅内蒙古自治区，2025 年风电装机容量预计将达到 8000 万千瓦以上。这些清洁能源的广泛应用，将有效降低我国能源消费对化石能源的依赖，减少二氧化碳排放，为实现碳达峰碳中和奠定坚实基础。在这一时期，化石能源虽仍在能源供应中占据较大份额，但随着新能源的逐步发展，其主体能源地位开始出现转变的趋势，渐渐朝着保障性能源过渡[1]。

二、2030 年：深化节能减排成果

2030 年，我国的节能减排目标将进一步深化。单位国内生产总值二氧化碳排放比 2005 年下降 65% 以上，这是一个极具挑战性的目标，彰显了我国应对气候变化的坚定决心。为实现这一目标，高耗能、高排放产业将面临更加严格的环保标准和能耗限制，促使其加快技术创新和转型升级步伐。化工行业将加大对清洁生产工艺的研发与应用，通过优化生产流程，降低原材料消耗和污染物排放。

非化石能源消费比重达到 25% 左右，意味着我国在能源转型方面将取得更为显著的成效。核能作为一种高效、低碳的能源，其装机容量将稳步增长。我国在建的多个核电站项目将为 2030 年的能源结构优化贡献重要力量。与此同时，太阳能、风能等可再生能源将实现更大规模的并网发电，储能技术的发展也将有效解决其发电的间歇性问题，保障能源供应的稳定性和可靠性。此时，化石能源在能源结构中的占比进一步下降，保障性能源的特征愈发明显，主要用于应对能源供应的突发状况和高峰需求。新能源则不

断发展壮大，在电力供应、供热等多个领域逐步成为重要的能源供应主体。在一些地区，新能源汽车的普及以及利用新能源进行集中供热的项目逐渐增多，标志着新能源在能源领域的地位日益重要。

三、2060年：实现碳中和伟大愿景

到 2060 年，我国将迎来具有里程碑意义的时刻——非化石能源消费比重达到 80%以上，碳中和目标顺利实现。这一目标的达成，标志着我国在能源、经济、社会等领域实现了全面的绿色转型。在能源领域，化石能源将逐步退出历史舞台，风能、太阳能、水能、地热能等可再生能源将成为主要能源供应来源。我国广袤的沙漠地区将成为太阳能发电的重要基地，通过建设大规模的太阳能光伏电站，将清洁电力源源不断地输送到全国各地。

第四节 "双碳"目标实现路径

实现"双碳"目标是一项艰巨且复杂的系统工程，在国内碳减排路径中，抓好能源结构调整和产业结构优化是关键所在，具体可从以下几方面展开。

一、抓好能源结构调整

1. 能源结构现状

我国能源消费结构中化石能源占据主导，这使其成为碳排放的主要源头。相关数据显示，我国 99% 的碳排放源于化石能源。在化石能源内部，煤炭的碳排放贡献极为突出，约 80% 的碳排放由煤炭燃烧产生，而石油和天然气的碳排放占比达 19%，如图 1-4 所示。在发电领域，火电、煤电比例分别高达 68% 和 65%，意味着发电行业在碳排放总量中占据显著比重，50% 以上的碳排放来自该行业。

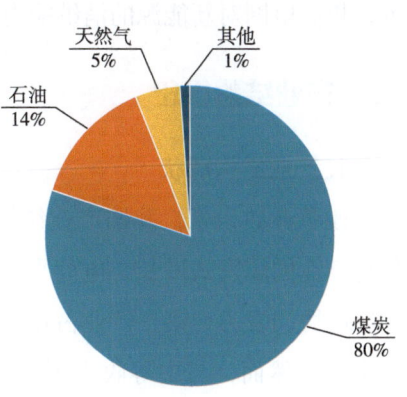

图 1-4 中国碳排放能源构成

从行业角度看，中国50%以上的碳排放来自发电行业，其次是工业和交通运输行业，如图1-5所示。工业领域中，钢铁、化工、建材等传统高耗能产业，因其生产工艺和能源消耗特性，在生产过程中排放大量二氧化碳。交通运输行业，以燃油为动力的汽车、飞机、船舶等交通工具，运行时持续消耗石油产品，进而产生大量碳排放。

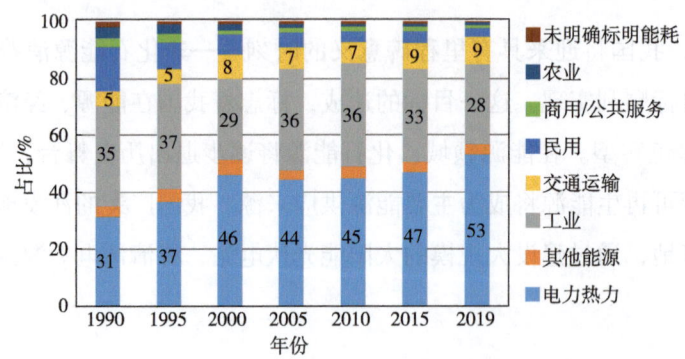

图1-5 中国碳排放行业构成

2. 能源结构调整方向

能源结构调整的首要任务是大力推进电力对化石能源的替代，将火力发电逐步转变为绿色电力或零碳电力，但此过程不能急于求成。以风电和光伏发电为例，尽管近年来我国风电和光伏发电装机容量快速增长，然而风能和太阳能具有间歇性和不稳定性，大规模并网发电面临诸多难题。在一些风力资源丰富但电网基础设施薄弱的地区，风电无法及时、稳定地输送到用电需求区域，致使"弃风限电"现象频发。因此，在发展新能源发电的同时，必须同步加强储能技术研发和电网升级改造。储能技术能够把多余电能储存起来，在新能源发电不足时释放，保障电力供应的稳定性。在电网升级方面，建设智能电网，借助先进的信息技术和自动化控制手段，实现对电力系统的精准监测和调度，提高电网对新能源的消纳能力。

二、产业结构优化

1. 产业结构现状

改革开放以来，我国产业结构不断优化，进入21世纪，互联网技术的普及催生了信息产业的爆发式增长，电商平台、软件开发、数字娱乐等新兴业态层出不穷。凭借各领域的协同发力，第三产业占比稳步攀升，2023年已达54.6%，成为拉动经济增长的重要引擎。然而，与中等收入国家的58.7%以及发达国家的76.2%相比，仍存在一定差距，如图1-6所示。

第一章 中国"双碳"战略蓝图与实现路径

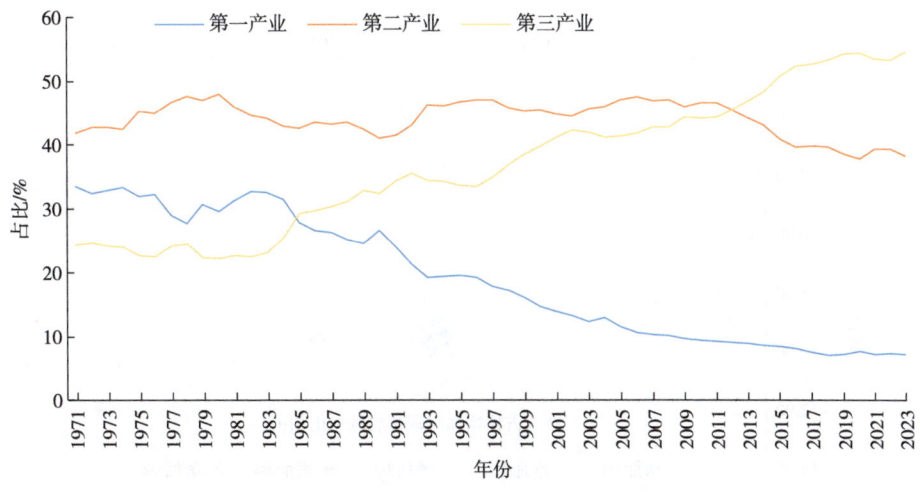

图 1-6 我国产业结构调整优化发展趋势

2. 我国产业结构调整优化发展趋势

当前，我国高耗能、高排放的工业产业在经济结构中占比依旧较高，这对于实现"双碳"目标形成了较大阻碍。对于这些产业，加快推进技术创新和转型升级迫在眉睫。钢铁行业可通过推广先进的冶炼技术，如氢气直接还原铁技术，以氢气替代煤炭作为还原剂，大幅降低碳排放。化工行业则可以研发新型的绿色化工工艺，提高原料转化率，减少生产过程中的能源消耗和废弃物排放。在交通运输行业，大力发展新能源汽车是关键举措。政府通过补贴政策、建设充电桩等基础设施，鼓励消费者购买电动汽车。同时，加大公共交通建设投入，提高城市轨道交通的覆盖率，优化公交线路，引导居民优先选择公共交通出行，降低私人燃油汽车的使用频率，从而减少交通运输领域的碳排放。通过持续推动产业结构向服务化、低碳化方向优化，提高第三产业占比，降低高耗能产业的比重，同时结合各行业内部的节能减排措施，我国有望借助能源结构调整和产业结构优化双轮驱动，稳步实现"双碳"目标，实现经济发展与生态环境保护的协同共进。

3. 产业结构调整对碳减排的贡献

研究表明，第三产业占比增加与碳排放减少呈正相关关系，如图 1-7 所示。随着我国经济结构逐渐由重工业为主向消费、先进制造业和服务业为主转变，碳减排的成效将日益显著。高科技产业、装备制造以及信息、医药产业等低耗能、高附加值产业呈现出较快的增长势头。这些产业在生产过程中对能源的依赖程度较低，且生产技术更为先进，能够有效控制碳排放。同时，新行业、新模式不断涌现，如共享经济模式下的共享单车、共享汽车，以及电商直播等新兴服务业态，这些新经济模式在促进经济增长的同时，也降低了传统产业模式所带来的高能耗与高排放。

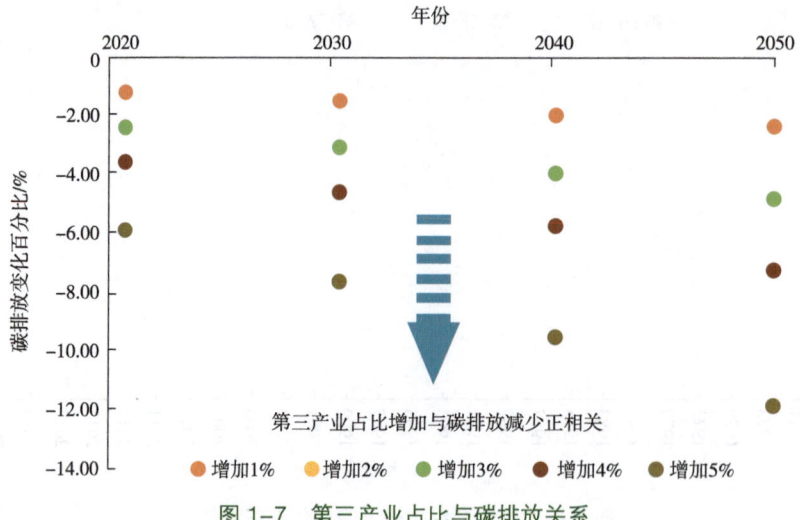

图 1-7　第三产业占比与碳排放关系

4. 产业结构调整的渐进性

需要注意的是，产业结构调整优化并非一蹴而就，而是一个需要综合考量多方面因素的渐进过程。GDP 总量与增速是重要的考量指标，产业结构的大幅调整可能在短期内对 GDP 增速产生一定影响，因此需要在稳定经济增长与推进产业结构调整之间寻求平衡。我国不同地区资源特点各异，东部沿海地区科技资源丰富，适合发展高新技术产业与现代服务业；而中西部地区部分资源型城市，在产业转型过程中需要充分考虑当地的资源禀赋，逐步从依赖资源开采的产业向资源深加工、绿色能源开发等产业过渡。

通过优化能源结构和调整产业布局协同发力，稳步实现"双碳"目标，实现经济高质量发展与生态环境保护的双赢局面。

第五节　"1+N" 政策支撑体系

一、宏观政策到位

从"双碳"目标确立的背景回溯，长期以来，我国相关政策紧密围绕节约能源和减少污染物排放展开，其发展主题历经从"节能减排"向"低碳发展"的演变，进而迈入当下的"双碳时代"。这一政策发展历程，深刻反映了我国在应对能源与环境问题上的不断探索与战略升级。

1. 初始形成阶段（1980—1994年）

这一时期，我国经济处于快速发展的起步阶段，能源消耗迅速增长，环境污染问题开始显现。由于当时市场机制尚不完善，政策手段以行政手段为主，市场化手段应用有限，重点聚焦于节约能源。《中华人民共和国大气污染防治法》于1987年9月5日通过，自1988年6月1日起施行。《中华人民共和国大气污染防治实施细则》于1991年发布，以明确的法规形式，对工业废气排放、城市大气污染治理等方面提出了具体要求，通过行政指令约束企业行为，减少大气污染物排放。同时，《征收排污费暂行办法》出台，对超过规定标准排放污染物的企业，实行征收排污费制度，这在一定程度上促使企业主动采取措施减少污染排放。在市场化手段方面，为鼓励企业开展节能技术改造，国家推出节能技术改造专项贷款低息贷款政策。部分大型国有企业利用这一政策，引入先进的节能设备，对生产工艺进行优化。

2. 发展变革阶段（1995—2007年）

随着经济的进一步发展，能源结构不合理、环境污染加剧等问题日益突出，我国开始重视能源结构调整。1998年实施的《中华人民共和国节约能源法》具有里程碑意义，它明确要求加强节能工作，合理调整产业结构和能源消费结构。这一法律规定促使各地政府积极引导产业升级，逐步淘汰高耗能、低效益的产业，鼓励发展低能耗、高附加值的产业。同时，国家开始出台长期能源规划，1995年发布的《新能源和可再生能源发展纲要（1996—2010）》，为我国新能源和可再生能源的发展制定了长期目标和发展方向。在这一纲要的指引下，我国开始在一些风能、太阳能资源丰富的地区试点建设新能源发电项目，如新疆的大型风电场、甘肃的光伏电站等，这为后续新能源产业的大规模发展奠定了基础。

3. 深化改革阶段（2007—2016年）

这一阶段，我国经济发展进入新的时期，对能源和环境问题的认识更加深刻，全面完善节能政策体系，升级节能减排目标成为政策重点。2014年《政府工作报告》中明确规定，当年能源消耗强度要降低3.9%以上，二氧化硫、化学需氧量排放量减少2%，这一明确且严格的目标要求，促使各地政府和企业加大节能减排工作力度。众多工业企业加大资金投入，对生产设备进行更新换代，采用更先进的清洁生产技术。2011年发布的《"十二五"控制温室气体排放工作方案》要求各低碳试点地区因地制宜探索低碳发展模式。北京、上海、广东等多个地区积极响应，在城市交通、建筑节能、工业低碳化等方面开展了大量实践，通过市场机制、推行绿色建筑标准等方式引导企业降低碳排放。

4. 从"低碳"到"双碳"（2016年至今）

2016年，中国正式签署《巴黎协定》，展现了积极应对全球气候变化的大国担当，成为少数坚定履行《巴黎协定》承诺的国家之一。在此背景下，我国在低碳发展的基础上，进一步提出"双碳"目标，并于2021年建立"1+N"政策体系。《中共中央 国务院关于完整准确全面贯彻新发展理念做好碳达峰碳中和工作的意见》《2030年前碳达峰行动方案》相继发布，为"双碳"目标的实现提供了顶层设计和行动指南。在能源结构调整方面，大力优化能源结构，提升非化石能源比例成为关键任务。国家通过补贴、政策优惠等手段，鼓励企业加大对风电、光伏、水能、核能等清洁能源的开发利用。截至2024年底，我国风电累计装机容量达到5.2亿千瓦，光伏发电累计装机容量达到8.8亿千瓦，新能源在电力供应中的占比逐年提高[2]。同时，碳交易与绿色金融成为降碳的重要手段。全国碳排放权交易市场正式上线运行，通过碳排放配额的分配与交易，促使高耗能企业积极采取减排措施，降低碳排放。绿色金融领域不断创新，绿色债券、绿色信贷等产品为企业的绿色转型提供了资金支持，推动我国经济社会向绿色低碳方向加速迈进。

二、"1+N"政策体系应运而生

为有效推动"双碳"目标的实现，我国构建了完善且系统的"1+N"政策体系。这一体系犹如稳固的基石，为我国在能源结构调整、产业结构优化以及绿色低碳发展的征程中提供坚实保障。

1. "1+N"政策体系的架构

"1+N"政策体系中的"1"，指的是顶层设计文件，它为"双碳"目标的实现明确了总体方向与核心战略。《中共中央 国务院关于完整准确全面贯彻新发展理念做好碳达峰碳中和工作的意见》，从国家战略高度出发，对"双碳"工作的总体要求、主要目标以及重点任务进行了全面规划，涵盖能源、工业、交通、建筑等多个领域，为后续政策的制定与实施奠定了基调[3]。

"N"则代表着一系列具体领域的专项政策，这些政策紧密围绕顶层设计，从不同角度、不同层面细化了"双碳"工作的实施路径与措施。在能源领域，为推动能源结构调整，出台了一系列政策鼓励新能源的开发与利用。在产业领域，针对高耗能、高排放产业的转型升级，制定了严格的环保标准和能耗限制政策，倒逼钢铁、化工等行业加快技

术创新，采用先进的生产工艺，降低碳排放。

2. "1+N"政策体系的实施成效

在能源结构调整方面，政策体系发挥了显著的引导作用。得益于对新能源发电的补贴政策以及对清洁能源项目的支持，我国新能源装机容量迅速增长。同时，为解决新能源发电的间歇性和不稳定性问题，相关政策大力推动储能技术研发和电网升级改造。储能示范项目获得政策资金支持，智能电网建设加快推进，提高了电网对新能源的消纳能力，保障了能源供应的稳定性。

产业结构优化同样离不开"1+N"政策体系的助力。在钢铁行业，《钢铁行业碳达峰实施方案》等政策推动企业积极采用先进的冶炼技术，如氢气直接还原铁技术。部分钢铁企业在政策引导下，投入资金进行技术改造，降低了煤炭使用量，大幅减少了碳排放。在化工行业，通过政策鼓励研发新型绿色化工工艺，提高了原料转化率，减少了废弃物排放。在交通运输行业，政府通过购车补贴、免费停车等政策，以及加快充电桩、加氢站等基础设施建设，大力推广新能源汽车。截至2024年底，我国新能源汽车保有量达到3140万辆，公共交通领域的新能源车辆占比也大幅提升，有效降低了交通运输领域的碳排放。

3. "1+N"政策体系的地方实践

各地积极响应国家"1+N"政策体系，结合自身实际情况，出台了一系列地方配套政策，取得了显著成效。海南的碳达峰碳中和"1+N"政策体系构建完成后，在绿色转型方面，出台《加快海南自贸港经济社会发展全面绿色转型实施方案》，从能源体系优化、产业结构调整等多个维度进行系统部署。在产业结构调整上，推动传统产业改造升级，延伸石化化工产业链，同时积极发展新兴低碳产业，如航空航天、生物医药等绿色高端产业集群，以新质生产力促进经济社会发展全面绿色转型。

山西则通过制定"1+N"人才政策体系，为"双碳"目标的实现提供人才支撑。其中"1"是《关于深入学习贯彻党的二十届三中全会精神加快新时代人才强省建设的实施意见》，"N"包括《山西省卓越工程师队伍建设实施方案（试行）》等专项政策，瞄准产业创新人才队伍建设，加大支持力度，完善人才培养机制，为能源结构调整和产业结构优化提供人才保障，推动相关产业的绿色发展与技术创新[4]。

通过国家层面的顶层设计与地方的积极实践，我国的"1+N"政策体系正全面且深入地推动着"双碳"目标的实现，为经济发展与生态环境保护的协同共进提供了强大的政策驱动力。

第六节 碳交易市场机制建设

一、全国碳市场启动上线交易，首期履约圆满完成

我国碳交易市场从试点起步，历经持续探索与发展，逐步走向成熟与完善，在推动企业减排、优化资源配置以及助力"双碳"目标实现等方面，发挥着不可忽视的关键作用。碳交易作为实现"双碳"目标的关键市场机制，在我国走出了一条从试点探索到全国统一市场成功建立的坚实道路。

1. 试点筹备阶段（2011—2012年）

2011年，国家发展和改革委员会（简称国家发改委）发文正式拉开碳排放交易试点的大幕，明确北京、天津、上海、重庆、湖北、广东和深圳参与到这场关乎未来能源与环境格局的重要试点之中。在这一阶段，各试点地区迅速行动起来，相继出台一系列碳排放权交易相关制度。在配额分配规则上，综合考量企业的历史排放数据、行业特点以及未来发展规划，制定了合理的初始配额分配方案。这些制度的陆续出台，犹如为后续碳交易市场的平稳运行搭建起了稳固的框架，为市场参与者提供了明确的行为准则。

2. 试点启动阶段（2013—2014年）

2013—2014年，各试点碳市场如雨后春笋般相继开市启动。上海碳市场开市首日，便吸引了众多企业积极参与，交易活跃。在这一时期，试点地区通过实际交易活动，不断积累市场运行经验。但由于各试点地区经济发展水平参差不齐，产业结构差异明显，能源结构也各有特点，导致碳市场在交易规则、配额分配等方面呈现出显著差异。经济发达且以服务业为主的深圳，其碳市场交易规则更注重灵活性，以适应新兴产业的快速发展；而工业基础雄厚的天津，在配额分配上则更倾向于对传统高耗能产业的引导与约束。

3. 试点深化阶段（2016年）

2016年，各试点地区基于前期丰富的实践经验，对碳交易管理办法进行深度优化。同时，试点地区积极探索区域间碳市场的协同发展路径。长三角地区的上海、江苏、浙

江等地，通过建立区域碳市场合作联盟，实现信息共享、规则互认，为全国统一碳市场的建设积累了宝贵的区域合作经验。

4. 全国市场建设阶段（2017—2021年）

2017年12月，全国碳交易市场正式启动，自此迈入市场体系建设、制度建设、基础设施建设以及能力建设的关键时期。相关部门紧锣密鼓地开展工作，制定了统一的碳排放核算方法，确保不同地区、不同行业的碳排放数据能够在同一标准下进行准确衡量。在配额分配方案上，充分考虑各行业的发展现状与减排潜力，力求公平合理。交易规则也进行了统一规范，涵盖交易时间、交易方式、结算流程等各个环节，为全国碳市场的高效运行提供了坚实保障。

5. 全国市场运行阶段（2021年至今）

2021年7月，全国碳市场正式上线交易，《全国碳排放权交易管理办法（试行）》和电力行业碳排放核算方法正式实施，这标志着我国碳交易市场步入全新发展阶段。电力行业作为首个纳入全国碳市场交易的行业，肩负重任。众多电力企业积极响应，加大对清洁能源发电项目的投资力度。华能集团旗下部分电厂，在全国碳市场交易的激励下，加速推进燃煤机组的节能改造，并大力发展风电、光伏等新能源发电项目，有效降低了碳排放。

2021年12月，全国碳市场首个履约周期圆满收官，全国碳市场保持平稳有序运行，碳排放配额累计成交量达1.79亿吨，累计成交额高达95.05亿元。这一斐然成绩充分彰显了我国碳交易市场的蓬勃活力与巨大潜力，也为后续更多行业逐步纳入全国碳市场积累了宝贵经验。

未来，随着我国"双碳"目标的深入推进，碳交易市场将不断完善和发展，覆盖的行业和企业将不断扩大，市场活跃度和影响力也将不断提升。碳交易市场将在推动我国经济社会绿色低碳转型、实现"双碳"目标的过程中发挥更加重要的作用。

二、交易范围逐渐扩大、税率逐渐提高，给各行业带来紧迫感

全国碳市场自启动上线以来，始终秉持稳步推进的原则，交易范围逐步拓展。启动初期，鉴于电力行业在能源消耗与碳排放方面占据显著地位，且其生产流程相对规范、数据监测较为完善，故而以电力行业为突破口率先纳入全国碳市场。随着市场运行机制的不断成熟以及对各行业碳排放特性研究的深入，后续按照成熟一个行业、纳入一个行业的节奏稳步前行。

与此同时，碳税率也呈现出逐渐上升的态势。目前，中国碳税处于50~100元/吨

的区间范围。与之相比，欧盟碳税则高达 80~100 欧元 / 吨，并且欧盟碳关税立法已于 2023 年 4 月 25 日顺利通过，将于 2026 年起正式征收。这一国际形势的变化，给我国各行业带来了前所未有的紧迫感。若产品生产过程中的碳排放未得到有效控制，在欧盟碳关税实施后，出口到欧盟市场的产品将面临高额关税成本，这将极大削弱产品的价格竞争力，压缩企业利润空间。

碳排放交易的上线，进一步增强了各行业碳减排的紧迫感，企业若不能有效降低自身碳排放，一方面将面临购买额外碳排放配额的高昂成本，另一方面在激烈的市场竞争中，其产品的碳足迹将成为影响市场份额的关键因素。部分化工企业为应对这一挑战，纷纷加大研发投入，探索绿色化工技术，如开发新型催化剂，以提高反应效率、降低能源消耗，从而减少碳排放，以适应碳交易市场带来的新变化，在绿色低碳发展的浪潮中抢占先机。

第七节 销售企业助力实现"双碳"目标措施

在全球积极应对气候变化、大力推进碳减排的大背景下，销售企业在助力实现"双碳"目标的进程中扮演着至关重要的角色。众多销售企业纷纷采取一系列切实可行的措施，从多个维度推动能源转型与节能减排，为实现"双碳"目标贡献力量。

一、优化能源销售结构，推动能源清洁化发展

1. 加大新能源销售力度

中国石油销售公司积极布局新能源业务。在江苏、浙江等经济发达且新能源接受度高的地区，大力推广电动汽车充电服务。以苏州为例，中国石油在当地的多个加油站增设了快充设施，为过往电动汽车提供便捷的充电服务。截至 2024 年底，苏州地区中国石油旗下加油站的充电业务量月均增长率达到 15%，有效推动了当地电动汽车的普及，减少了传统燃油汽车的使用，降低了碳排放。

中国石化销售企业在河南、四川等人口大省，结合当地市场特点，加大天然气的销售推广力度。在郑州，中国石化与当地公交公司合作，将部分公交车改装为天然气动力

车辆，并建设了多个天然气加气站。通过这种方式，郑州的公交车尾气排放大幅降低。据统计，与传统燃油公交车相比，使用天然气的公交车二氧化碳排放量减少了约25%。

2. 推动能源清洁化发展

中国海油销售企业在山东发挥自身在海上能源开发的优势，积极探索海上风电与氢能的融合发展。在青岛，中国海油参与投资建设了一座海上风电制氢示范项目，利用海上风电产生的电能电解水制氢，生产出的绿氢用于当地的加氢站，为氢燃料电池汽车提供清洁燃料。这一举措不仅实现了能源的多元化供应，还大大减少了制氢过程中的碳排放。

地方能源销售企业也不甘落后。广西能源销售公司借助当地丰富的水电资源，与新能源汽车制造商合作，推出水电驱动的新能源汽车销售套餐。购买特定品牌新能源汽车的消费者，可以享受一定期限内的低价水电充电服务，鼓励消费者选择清洁能源出行，促进了当地新能源汽车市场的发展[5]。

二、加强节能减排，提升运营效率

1. 优化加油站运营管理

壳牌在江苏的加油站通过引入智能化管理系统，实现了对油品储存、输送以及加油过程的精准监控。该系统能够实时监测油品损耗情况，及时发现并修复泄漏点，有效降低了油品蒸发损耗。据统计，引入该系统后，壳牌江苏地区加油站的油品损耗率降低了约10%，减少了挥发性有机化合物（VOCs）的排放，对大气环境改善起到了积极作用[6]。

道达尔在浙江的加油站采用节能设备，如高效节能的照明灯具和智能通风系统。照明灯具采用LED节能技术，相比传统灯具，能耗降低了约60%。智能通风系统根据加油站内的空气质量和人员活动情况自动调节通风量，减少了不必要的能源消耗，有效降低了加油站的整体运营能耗[7]。

2. 提升物流运输效率

中国石化销售企业在河南优化油品运输路线，利用大数据分析技术，根据加油站的位置、油品需求以及交通状况，规划出最优的运输路线。通过这种方式，油品运输车辆的行驶里程平均减少了15%，降低了运输过程中的燃油消耗和碳排放。同时，中国石油还推广使用新能源运输车辆，在郑州周边的部分短途运输线路上，采用电动油罐车进行油品配送，进一步减少了物流环节的碳排放。

中国石化销售企业在四川引入智能物流调度系统，对油品配送车辆进行实时监控和调度。该系统能够根据车辆的位置、载重以及加油站的紧急需求情况，合理安排车辆的配送任务，避免了车辆空载和迂回运输。据测算，引入该系统后，四川地区中国石化油品配送车辆的平均满载率提高了20%，大大提升了物流运输效率[8]。

三、开展绿色营销，引导消费者环保意识

1. 举办环保主题活动

美孚在江苏、浙江等地的销售网点举办"绿色出行，共筑'双碳'"主题活动。活动期间，向消费者宣传新能源汽车的优势以及节能减排的重要性，同时提供新能源汽车试驾体验。通过这些活动，吸引了大量消费者关注新能源汽车。据统计，活动举办后，当地新能源汽车的咨询量和销售量均有显著提升，有效引导了消费者选择绿色出行方式[9]。

嘉实多在山东的销售门店开展"节能减排，从爱车保养开始"活动，向车主推荐节能环保型润滑油产品，并讲解正确的车辆保养知识，以提高车辆燃油效率，减少尾气排放。活动期间，节能环保型润滑油产品的销量增长了30%，对提升消费者的环保意识起到了积极作用。

2. 推出绿色消费激励措施

中国石油山东销售公司菏泽分公司在多个加油站内开展了"小绿地"建设活动，旨在为员工和客户创造一个更加绿色、健康的环境。"小绿地"建设活动的开展，不仅美化了加油站的环境，还提升了员工的身心健康。员工们在忙碌的工作之余，能够亲近自然，享受绿色带来的愉悦与宁静。同时，"小绿地"的建设也吸引了众多客户的目光，提升了企业整体形象[10]。

中国石化销售企业在四川开展"绿色积分"计划，消费者在加油站加油、购买便利店商品或使用充电桩时，均可获得绿色积分。积分可以兑换环保礼品、优惠券或参与环保公益活动。通过这一激励措施，有效引导了消费者形成绿色消费习惯，促进了节能减排。通过以上一系列措施，销售企业在助力实现"双碳"目标方面取得了显著成效。未来，随着技术的不断进步和市场的进一步发展，销售企业将在"双碳"目标的实现进程中发挥更为重要的作用，持续推动能源行业的绿色转型与可持续发展。

第二章
区域碳达峰速度及采取措施

　　由于各区域经济发展阶段不同、资源禀赋差异较大，导致各区域碳达峰进程不一。在迈向碳达峰碳中和的征程中，各地政府非常重视交通领域的碳减排，纷纷以"十四五"规划为关键切入点，推动车辆电动化转型。以北京为代表的重点城市交通电动化提速，海南积极打造"国家级新能源汽车全域应用示范区"，以煤炭经济为基础的山西省，被定位为"国家资源型经济转型综合配套改革试验区"，加快能源生产和能源消费的优化调整，打造绿色能源供应和消费体系。

第一节 区域碳达峰进程

当前，我国各省市在碳达峰进程中呈现出明显的分化特点。截至 2021 年，全国已有 13 个省份成功实现碳达峰，另有 10 个省份正处于即将达峰的关键阶段，但仍有 7 个省份的碳排放量呈现出持续增长的趋势。这种差异化的发展状况，使得部分省份在碳达峰和碳中和的道路上面临着较大压力。鉴于此，预计地方政府将进一步加大碳减排工作力度，通过制定更为严格的减排政策、推动产业结构调整以及加速能源转型等举措，力求缩短碳达峰和碳中和的时间进程，以更好地契合国家"双碳"战略的总体要求。

已实现碳达峰的 13 个省份为北京、河南、湖北、吉林、四川、云南、上海、天津、黑龙江、青海、江苏、河北和山西。以 2018 年数据为参考，这些省份的碳排放总量累计达到 42.8 亿吨，在全国碳排放总量中的占比高达 42.2%。从人均指标来看，人均碳排放量在 3.8~12.1 吨区间波动，人均 GDP 则处于 3.1 万~12.0 万元范围。北京作为我国的政治、文化和国际交往中心，在产业结构上以服务业为主导，通过严格的环保政策和大力发展清洁能源，率先实现碳达峰。其人均 GDP 较高，达到 12.0 万元，而人均碳排放量相对较低，为 5.5 吨，这得益于其产业结构的高度优化以及高效的能源利用体系。山西作为煤炭资源大省，长期以来经济发展对煤炭产业依赖程度较高，虽然实现了碳达峰，但人均碳排放量高达 12.1 吨，但随着近年来产业结构调整和煤炭清洁利用技术的推广，在经济发展的同时，碳排放量得到了有效控制。

预计在"十四五"期间，实现碳达峰的省份有甘肃、广东、广西、海南、湖南、辽宁、山东、陕西、浙江和重庆，共 10 个。2018 年，这些省份的碳排放量累计为 37.5 亿吨，占全国碳排放总量的 36.9%。人均碳排放量为 4.0~13.3 吨，人均 GDP 为 4.5 万~13.6 万元。广东作为我国经济强省，经济总量位居全国前列，人均 GDP 达 13.6 万元。其产业结构多元化，在制造业、服务业等领域均有突出表现。近年来，广东积极推动产业升级，加大对新能源汽车、电子信息等低碳产业的扶持力度，在经济持续增长的同时，碳排放增速逐渐放缓，预计将在"十四五"期间顺利实现碳达峰。甘肃则处于经济发展追赶阶段，人均 GDP 为 4.5 万元，产业结构中传统工业占比较大，导致人均碳排放量相对较高，为 13.3 吨。目前，甘肃正通过承接东部产业转移的契机，优化产业结构，并利用当地丰富的风能、太阳能资源发展清洁能源，加速迈向碳达峰。

预期在"十五五"期间达峰的安徽、福建、贵州、江西、内蒙古、宁夏和新疆这 7 个省份，2018 年碳排放量累计 21.3 亿吨，占全国碳排放总量的 20.9%。人均碳排放量为 5.8~29.2 吨，人均 GDP 为 8.4 万 ~18.9 万元。内蒙古拥有丰富的煤炭、天然气等资源，能源产业在经济中占据重要地位，人均 GDP 为 18.9 万元，但人均碳排放量高达 29.2 吨。当前，内蒙古正积极探索能源产业的转型升级，一方面加大煤炭清洁生产力度，另一方面大力发展风电、光伏等新能源产业，以降低碳排放强度，朝着碳达峰目标稳步迈进。福建的经济发展较为活跃，人均 GDP 达 12.5 万元，产业结构以制造业、服务业为主，人均碳排放量为 5.8 吨，相对较低。在实现碳达峰的进程中，福建将进一步发挥自身优势，推动产业绿色发展，提高能源利用效率，有望在"十五五"期间顺利达峰。

随着我国"双碳"目标推进的持续深入，各省份在碳减排道路上的不同表现，将促使地方政府因地制宜地制定更具针对性的碳减排策略。已达峰省份将进一步巩固减排成果，探索碳中和的有效路径，即将达峰省份将加快产业和能源结构调整步伐，确保按时达峰；而碳排放量仍在增长的省份则需采取更为激进的减排措施，在发展经济的同时，努力扭转碳排放量上升趋势，为全国实现"双碳"目标贡献力量。碳交易市场作为重要的政策工具，也将在这一过程中发挥更大作用，通过市场机制引导资源向低碳领域流动，助力各省份实现碳减排目标，推动我国经济社会绿色低碳转型。

第二节　交通领域碳减排政策分析

在迈向碳达峰碳中和的征程中，各地政府意识到交通领域碳减排的重要性与紧迫性，纷纷以"十四五"规划为关键切入点，推动车用动力电动化转型，具体见表 2-1。其中，汽车产业与交通运输行业因其在碳排放总量中的显著占比，成为各地政府碳减排工作的重点攻坚对象。

表 2-1　各省份交通层面规划方向

省份	交通层面相关规划方向	省份	交通层面相关规划方向
山东	重点培育新一代信息技术、高端设备、新能源汽车、节能环保、生物医药等产业	四川	《四川省"十四五"能源发展规划》明确加快发展新能源，推进能源消费转型升级（节能降碳、电能替代、分布式能源），培育能源新技术新业态（氢能储能、智慧能源等）
海南	加快推广新能源汽车，规划建设全省充电桩设施	重庆	构建绿色交通体系
辽宁	做大做强新能源汽车等高端设备制造产业（生产拉动消费）	上海	加快构建与超大城市相适应的绿色交通体系
浙江	大力培育新一代信息技术、生物技术、新材料、高端装备、新能源及智能汽车	北京	优化调整交通运输能源结构
江西	积极推行清洁能源	广东	广州市倡导低碳出行，推行绿色消费、居住、出行；深圳市大力发展新能源汽车，加强绿色低碳交通体系建设
河北	加快清洁能源设施建设		
吉林	绿色低碳生活方式	山西	以能源革命综合改革试点为牵引，加快清洁能源转型，推动能源优势转换
辽宁	推动交通运输节能，推广普及新能源汽车	新疆	推动绿色低碳发展，推进资源节约高效利用
宁夏	《自治区 2025 年度充电基础设施建设实施方案》《石嘴山市加快建立健全绿色低碳循环发展经济体系实施方案》，完善新能源汽车推广应用财政补贴政策，加快培育氢能产业发展	甘肃	大力发展新能源；推动新能源持续快速跃升发展；建立风光电经济高效利用机制；提高能源资源利用效率
湖南	重点发展"新能源＋储能"	云南	全面推动绿色低碳发展
天津	大力推广绿色低碳出行		

第三节　重点城市交通电动化提速

随着环保意识的增强以及"双碳"目标的推进，交通领域的碳减排工作愈发关键。从能源类型的角度剖析，在城市交通领域，高达 90% 的碳排放源于汽柴油的消耗。而用电替代汽柴油展现出显著的减排优势，电力在生产环节，若采用清洁能源（太阳能、风能、水能等）发电，相较于传统化石能源，在整个生命周期内产生的碳排放量大幅降低。因此，推动"油改电"成为交通领域碳减排的核心任务。

《北京市国民经济和社会发展第十四个五年规划和二〇三五年远景目标纲要》为交通领域的"油改电"进程设定了明确且具有挑战性的目标。到 2025 年，新能源汽车保有量力争达到 200 万辆，电动化率将从 6% 大幅提升至 30%，其中氢燃料电池汽车保有量计划突破 1 万辆。这一目标的提出，不仅体现了北京市在应对气候变化、推动绿色交通发展方面的坚定决心，也为相关产业的发展指明了方向。

在具体实施过程中，北京市围绕不同圈层的车用能源补给设施协同发展展开规划。在确定"十四五"时期不同圈层的车用能源补给设施协同发展目标的基础上，针对城市核心区（低排放区）等重点区域，制定传统能源基础设施退出和新能源基础设施建设的发展策略。以 2023 年为例，规划提出二环以内将实现全面电动化，把低排放区作为第一阶段的示范区域，明确传统能源基础设施向新能源基础设施过渡发展的退出条件、退出时序和路径模式。

这一发展规划和目标对传统能源补给设施产生了重大影响，促使其加速退出或转型，且发展速度超出预期。早在 2021 年，北京市管理委员会就委托北京交通发展研究院，对北京市"车用能源补给设施一张网"建设展开研究，其模式与重庆类似，并广泛征求各方意见，旨在构建一个高效、协同的能源补给网络，以适应新能源汽车快速发展的需求。

通过一系列的规划和举措，北京市正积极推动交通领域的能源转型，加速"油改电"进程，不仅有助于实现碳减排目标，还将为城市的可持续发展和居民的绿色出行创造更加良好的环境。

第四节 海南打造"国家级新能源汽车全域应用示范区"

在积极响应国家"双碳"战略、大力推进交通领域碳减排的进程中，海南省展现出了卓越的前瞻性与行动力。2019 年 3 月，《海南省清洁能源汽车发展规划》正式对外发布。同年 5 月，海南省又出台了《海南省人民政府办公厅关于印发海南省电动汽车充电基础设施规划（2019—2030）的通知》。这两份规划文件为海南省在汽车能源领域的转型与发展照亮了前行的道路，堪称具有风向标意义的深度探索性规划。

一、新能源汽车推广目标明确

《海南省清洁能源汽车发展规划》明确了极具雄心且切实可行的新能源汽车推广目标。以 2020 年为起点，海南省计划推广新能源汽车达到 9.3 万辆，彼时新能源汽车在全省汽车保有量中的占比将达到 6%。这一目标的设定并非空中楼阁，而是基于海南省对自身交通现状、能源结构以及未来发展方向的精准研判。到 2025 年，推广目标大幅提升至 37.1 万辆，占比跃升至 18%。为实现这一目标，海南省在政策扶持、产业培育、消费引导等方面多管齐下。省政府出台购车补贴政策，对购买新能源汽车的消费者给予一定金额的补贴，有效降低了消费者的购车成本；同时，积极引进新能源汽车制造企业，在海口、三亚等地建设新能源汽车产业园区，打造集研发、生产、销售于一体的完整产业链，提升本地新能源汽车的供应能力，从源头上保障推广目标的实现。2030 年，海南省的新能源汽车推广目标锁定在 99.5 万辆，占比将高达 42%，意味着在不远的将来，新能源汽车将成为海南省的主流出行工具，具体见表 2-2。

表 2-2 海南省新能源汽车推广结构

年份	公共服务领域		社会运营领域		私人领域		合计/万辆	占比/%
	保有量/万辆	占比/%	保有量/万辆	占比/%	保有量/万辆	占比/%		
2020	1.5	36	2.3	22	5.5	4	9.3	6
2025	4.4	91	8.5	60	24.2	13	37	18
2030	5.2	98	15.1	84	79.2	37	99.5	42

二、充换电基础设施发展目标配套

在充电桩和充换电站等基础设施建设方面，《海南省人民政府办公厅关于印发海南省电动汽车充电基础设施规划（2019—2030）的通知》制定了详细且科学的发展目标。2020 年，充电桩累计发展目标为 7.0 万个，充换电站累计发展目标为 160 座。为确保这一目标的达成，海南省加大了资金投入，鼓励社会资本参与充电桩和充换电站的建设。到 2025 年，充电桩累计发展目标飙升至 33.7 万个，充换电站累计发展目标达到 430 座。此时，海南省不仅在数量上扩充充电桩和充换电站，还注重优化布局，提高基础设施的利用效率。在高速公路服务区，合理规划充换电站的建设位置，确保长途出行的新能源汽车能够及时补充能源。到 2030 年，充电桩累计发展目标将达到 94.0 万个，充换电站累计发展目标为 627 座，实现车桩比 1∶1 的理想状态，具体见表 2-3。这一目标的实现，将彻底解决新能源汽车用户的"里程焦虑"问题，为新能源汽车的广泛普及提供坚实的硬件支持。

表 2-3　海南省充电桩、公共充电站发展目标

年份		2020	2025	2030
充电桩/万个	私人	5.9	27.5	77.4
	公共	1.1	6.2	16.6
	合计	7.0	33.7	94.0
公共充电站/座	城市建成区	50	200	345
	高速公路服务区	56	80	82
	普通公路沿线	30	110	160
	旅游功率驿站	24	40	40
	合计	160	430	627

海南省的这两项规划，在汽车能源领域进行了大胆且深入的尝试。其成功经验，无疑具有极高的借鉴价值。其他城市可从中汲取宝贵经验，在制定本地新能源汽车推广和基础设施建设规划时，参考海南省在政策制定、产业培育、资金投入、布局规划等方面的成功做法。

第五节　山西定位"国家资源型经济转型综合配套改革试验区"

山西被定位为全省域、全方位、全系统的"国家资源型经济转型综合配套改革试验区"，这一重要定位赋予了山西在资源型经济转型方面先行先试的重大使命，也为山西在"十四五"乃至更长时期的发展指明了方向。

一、全面转型重塑竞争优势

"十四五"期间，山西致力于推动全面、彻底、系统转型，旨在重塑自身的竞争优势。长期以来，山西经济对煤炭等资源产业高度依赖，这种单一的产业结构在面临资源枯竭、环保压力增大等问题时，暴露出诸多弊端。为改变这一现状，山西从产业结构、科技创新、人才培养等多个维度发力。一方面，积极淘汰落后产能，对煤炭等传统产业

进行升级改造，提高产业的智能化、绿色化水平；另一方面，大力培育新兴产业，如高端装备制造、新能源、新材料、数字经济等，构建多元化的产业体系。通过这些举措，山西逐步摆脱对传统资源的过度依赖，在新的经济形势下重新确立竞争优势，全面完成中央赋予的能源革命综合改革试点任务。

二、实施优势转换战略，发展现代能源经济

山西深入贯彻落实"四个革命、一个合作"能源安全新战略，即以推动能源消费革命，抑制不合理能源消费；推动能源供给革命，建立多元供应体系；推动能源技术革命，带动产业升级；推动能源体制革命，打通能源发展快车道；全方位加强国际合作，实现开放条件下能源安全。以能源革命综合改革试点为有力牵引，深化"五大基地"建设。

具体而言，"五大基地"包括：煤炭绿色开发利用基地，山西通过加大科技投入，推广先进的煤炭开采技术和清洁利用技术，提高煤炭资源的回采率和利用效率，减少煤炭开采和利用过程中的环境污染；非常规天然气基地，加强对煤层气等非常规天然气资源的勘探开发，提高天然气产量，优化能源结构；电力外送基地，在保障本地电力供应的同时，加强电网建设，提高电力外送能力，将山西的电力资源输送到其他地区；在现代煤化工示范基地和煤基科技创新成果转化基地建设方面，山西省持续加大钢铁、焦化整合力度，推动煤炭由单一燃料向燃料和原料并重转变，加快完成煤机装备、煤电、煤化工、氢能、煤层气等重点领域创新步伐。通过这些基地的建设，山西逐步构建起安全高效、智能绿色、开放共享的现代能源体系。

1. 构建绿色多元供应体系

1）煤炭绿色开发利用

山西在保障国家能源安全的前提下，致力于建设煤炭绿色开发利用基地。在开采环节，推广智能化开采技术，提高开采效率，减少人员伤亡和资源浪费；在洗选环节，采用先进的洗选工艺，提高煤炭质量，降低污染物排放；在利用环节，发展煤炭清洁燃烧技术、煤炭深加工技术，如煤制油、煤制气等，延长煤炭产业链，提高煤炭附加值。

2）非常规天然气开发

加大对非常规天然气的勘探开发力度，建设非常规天然气基地。加强煤层气等资源的地质勘探，掌握资源储量和分布情况；研发先进的开采技术，提高开采效率和产量；完善天然气输送管网等基础设施建设，提高天然气的输送和利用能力。

3）电力外送与清洁能源发展

持续加强电力外送基地建设，优化电网布局，提高电力输送的稳定性和可靠性。同

时，大力发展清洁能源，建设大型风电、光伏电站，因地制宜开发水能资源。推动多能互补开发，实现煤炭、天然气、电力、新能源等多种能源的协同发展，形成绿色多元的能源供应体系，降低对单一能源的依赖，提高能源供应的安全性和稳定性。

2. 构建绿色低碳消费体系

1）应对"双碳"目标，优化用能结构

面对碳达峰碳中和目标，山西主动作为，加快用能结构和方式的变革。在工业领域，推动企业采用节能技术和设备，实施节能改造项目，提高能源利用效率；在建筑领域，推广绿色建筑标准，采用节能灯具、节水器具等，降低建筑能耗；在交通领域，加大新能源汽车的推广力度，建设充电桩、加氢站等基础设施，鼓励绿色出行。

2）控制能源消费总量，提高清洁能源比重

坚决控制能源消费总量，制定严格的能源消费强度和总量双控目标，加强能源消费监测和管理。提高清洁能源和可再生能源消费比重，通过政策引导、价格补贴等方式，鼓励企业和居民使用清洁能源，如太阳能热水器、地源热泵等。

3）提升城乡优质用能水平，完善制度体系

提升城乡优质用能水平，加强农村地区的能源基础设施建设，推广生物质能、太阳能等清洁能源在农村的应用，改善农村用能条件。建立完善有利于能源节约使用、绿色能源消费的制度体系，如能源消费统计制度、能源审计制度、节能奖励制度等，引导全社会形成绿色低碳的消费理念和行为习惯。

3. 提升能源开放合作水平

1）遵循发展规律，深化重点领域改革

山西遵循能源行业发展规律，深化能源重点领域关键环节改革。在电力体制改革方面，推进增量配电业务改革试点，放开售电侧市场，引入竞争机制，提高电力市场的效率和活力；在煤炭行业改革方面，优化煤炭资源配置，推进煤炭企业兼并重组，提高产业集中度。

2）加强全产业链合作，构建有效竞争市场

加强能源宽领域、多层次、全产业链合作，与国内外能源企业开展合作，共同开发能源资源、建设能源项目。构建有效竞争的市场结构和市场体系，打破行业垄断，营造公平竞争的市场环境，吸引更多的市场主体参与能源开发和利用，提高能源产业的整体竞争力。通过加强能源开放合作，山西能够充分利用国内外两种资源、两个市场，推动能源产业的高质量发展。

第三章

新能源汽车和补能设施发展现状及趋势

国内新能源汽车呈爆发式发展态势，与之配套的库站分布式光伏发电和充电、换电、加氢及加气业务也呈快速发展态势。从车用动力的转型方向来看，正逐步从传统燃油车向电动汽车、LNG加气汽车转变。因此，传统油气企业的销售业务和补能业务也要随之迭代转型。

第一节　新能源汽车发展趋势

一、新能源汽车产销量、渗透率、保有量不断攀升

1. 新能源汽车产销量增长加快，连续 10 年全球第一

1）产销量

2024 年，全国新能源汽车产销量分别达到 1288.8 万辆和 1286.6 万辆（含出口 128.4 万辆），同比分别增长 34.4% 和 35.5%，连续 10 年全球第一，全年销量渗透率 40.9%（终端销量渗透率 44.0%），具体如图 3-1 所示。

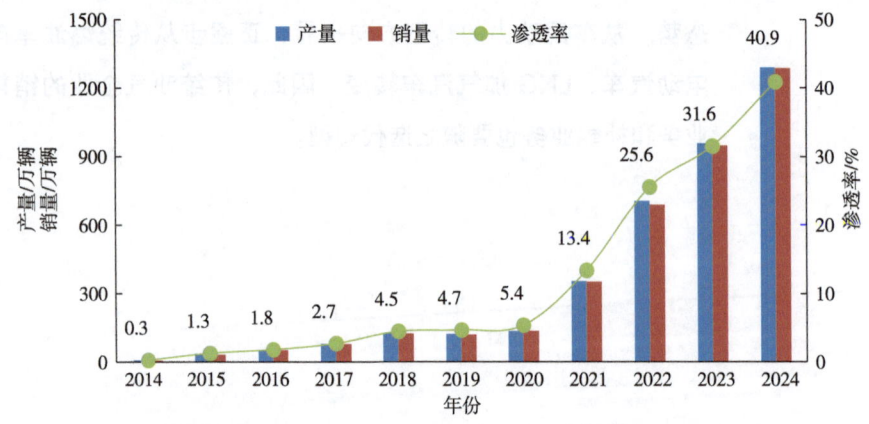

图 3-1　2014—2024 年国内新能源汽车产销量增长态势

2）产销结构

从车辆用途来看，新能源汽车市场中乘用车与商用车的比例关系基本稳定保持在 95∶5。乘用车凭借其庞大的消费市场基数以及在家庭出行等场景中的广泛应用，在新能源汽车产销中占据主导地位。商用车虽然占比较小，但随着物流行业对降低运营成本、节能减排需求的提升，新能源商用车规模也在逐步扩大。从动力类型来看，纯电动与插电式混合动力基本保持 6∶4 的比例关系，另外有少量氢燃料电池汽车。在动力类型结构中，纯电动汽车的主导地位随着电池能量密度的提升和成本的降低愈发稳固，插

电式混合动力汽车也凭借其独特优势，在市场中占据了一席之地。

从使用性质角度分析，非营业车辆在新能源汽车中占比约84%。这主要是因为个人消费者在购车选择上更倾向于新能源汽车的经济性和环保性，用于日常通勤和家庭出行。营业车辆（如客车、网约车、出租车）根据国家政策导向，已经实现高比例电动化。

2. 乘用车和商用车共同发力，渗透率（市场份额）不断攀升

回顾2024年，新能源乘用车在终端市场表现极为亮眼，全年的终端销量渗透率高达46.9%。这一数据彰显出新能源乘用车在消费者群体中日益增长的受欢迎程度。具体到月度数据，11月新能源乘用车渗透率达到了52%，全国有17个省份的新能源乘用车渗透率超过了50%。其中，海南以68.8%的渗透率位居前列；天津紧随其后，达到67%；广西也表现出色，渗透率为62.7%。这3个省份渗透率均超过了60%，充分显示出这些地区消费者对于新能源乘用车的高度认可与积极接纳。新能源商用车同样表现不俗。2024年全年，新能源商用车终端销量渗透率达到20.3%。12月更是表现突出，其渗透率飙升至28.4%，全国有12个省份的新能源商用车渗透率超过了30%。在这些省份中，广东以56.7%的渗透率拔得头筹，北京以56.3%紧随其后，海南和天津也不甘示弱，分别达到52.8%和52.1%。全国新能源汽车终端销量渗透率情况见表3-1。

表3-1 全国新能源汽车终端销量渗透率情况

时间	乘用车销量/辆	新能源乘用车销量/辆	乘用车渗透率/%	商用车销量/辆	新能源商用车销量/辆	新能源商用车渗透率/%	汽车销量合计/辆	新能源车销量/辆	新能源汽车渗透率/%
2023年全年	21084842	7233351	34.3	2824137	545648	19.3	23908979	7778999	32.5
2024年1月	2154062	659578	30.6	190896	24486	12.8	2344958	684064	29.2
2024年2月	1082696	373444	34.5	145428	16145	11.1	1228124	389589	31.7
2024年3月	1541077	703981	45.7	341969	48952	14.3	1883046	752933	40.0
2024年4月	1502025	677469	45.1	282044	45943	16.3	1784069	723412	40.5
2024年5月	1660664	793043	47.8	250150	46726	18.7	1910814	839769	43.9
2024年6月	1725209	828044	48.0	222469	45827	20.6	1947678	873871	44.9
2024年7月	1766978	883228	50.0	221458	46970	21.2	1988436	930198	46.8
2024年8月	1933207	1009435	52.2	215193	50285	23.4	2148400	1059720	49.3
2024年9月	2127535	1105703	52.0	225930	54538	24.1	2353465	1160241	49.3
2024年10月	2294079	1178612	51.4	224547	55124	24.5	2518626	1233736	49.0
2024年11月	2376178	1234715	52.0	249085	63268	25.4	2625263	1297983	49.4
2024年12月	2721864	1290358	47.4	287796	81625	28.4	3009660	1371983	45.6
2024年全年	22885574	10737610	46.9	2856965	579889	20.3	25742539	11317499	44.0

从区域视角来看，不同省份的新能源汽车发展呈现出较大差异。2024年，乘用车销量渗透率，海南最高、西藏最低；商用车销量渗透率，广东、海南、天津、北京表现突出，西藏则发展较慢。2024年，不同省份新能源乘用车和商用车销量渗透率分别如图3-2和图3-3所示。

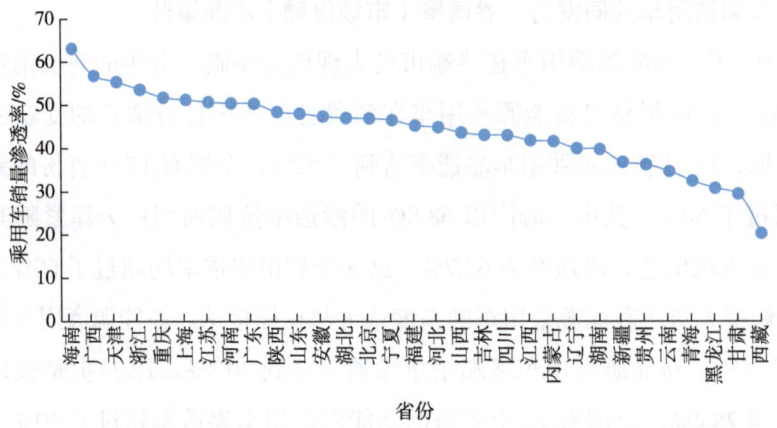

图3-2　2024年不同省份新能源乘用车销量渗透率

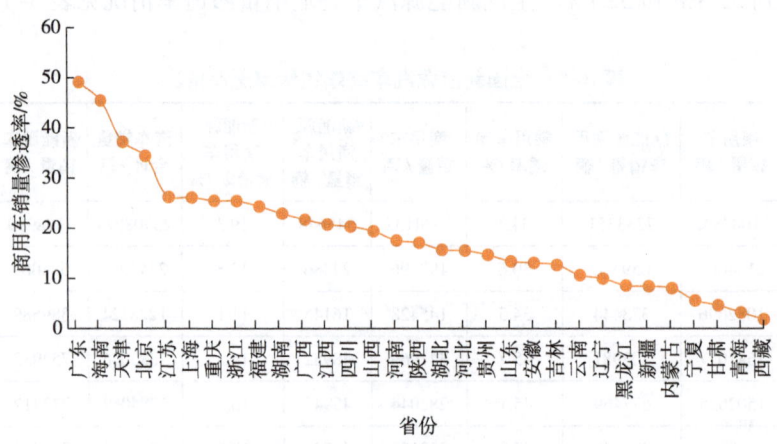

图3-3　2024年不同省份新能源商用车销量渗透率

3. 销售市场逐渐下沉，新能源汽车销售已全面铺开

特大城市和大型城市新能源汽车销量占比从2017年的66%一路下滑至2024年的41%，而中小城市以及县城乡镇的销量占比从2017年的34%稳步提升至2024年的59%，清晰地反映出新能源汽车消费市场在逐步下沉（图3-4）。发展初期，新能源汽车受限于技术成熟度、配套设施完善程度以及消费者认知等因素，主要集中在经济更为发达、基础设施建设更为完备的特大城市和大型城市进行销售。随着技术的持续进步、产品性能的逐步稳定以及市场推广力度的不断加大，新能源汽车开始逐渐在中小城市和县城乡镇崭露头角，被更多消费者所接受和选择。

从 2023 年下半年起，充电基础设施建设开启了从"城市→城际→乡村"的全面推进模式，对新能源汽车消费市场的下沉也起到了积极的推动作用。城市中大量的公共充电桩、私人充电桩不断涌现，满足了城市居民日常通勤和出行的充电需求；城际之间高速服务区充电桩的布局逐步完善，有效解决了新能源汽车长途出行的续航焦虑问题；而在乡村地区，随着政策的倾斜与扶持，充电桩等基础设施也开始逐步扎根。这种全方位、多层次的充电基础设施建设布局，有力地支撑了新能源汽车市场从城市向乡村的拓展，与新能源汽车城市分层消费变化趋势形成了良性互动。中小城市和县城乡镇销量占比的不断上升，在很大程度上得益于充电基础设施的逐步完善，使得这些地区的消费者在购买新能源汽车时，不再过度担忧充电问题，从而更加放心地选择新能源汽车作为出行工具。

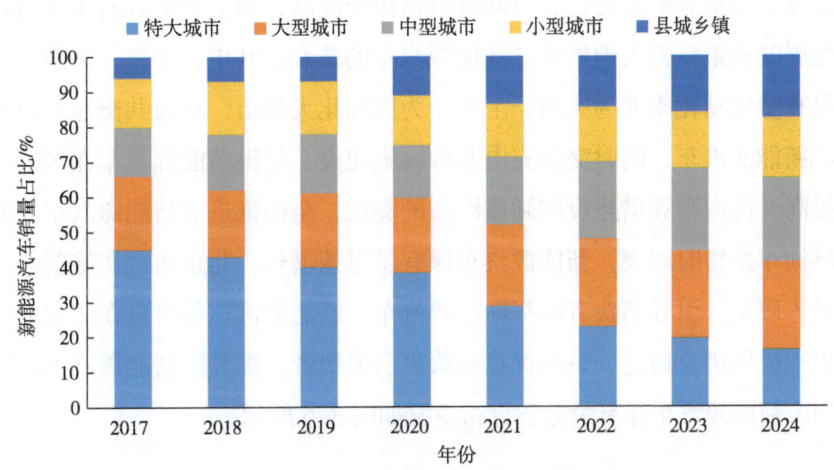

图 3-4　2017—2024 年新能源汽车城市分层消费变化趋势

4. 保有量快速攀升，华南、华北和华东的大中城市为主

1）保有量

2024 年，新能源汽车保有量增长态势强劲，上半年达到 2472 万辆，保有量电动化率提升至 7.2%；9 月底达到 2809 万辆；年底达到 3140 万辆左右，保有量电动化率 8.9%，如图 3-5 所示。这一增长速度不仅反映了近年来新能源汽车持续热销的市场表现，还得益于车辆使用寿命的延长以及消费者对新能源汽车长期持有意愿的增强。随着新能源汽车技术的不断成熟，车辆的可靠性和耐久性得到了显著提升，使得消费者更加放心地长期使用新能源汽车。

图 3-5　2015—2024 年国内新能源汽车保有量增长态势

2）地区分布

在新能源汽车的推广过程中，东南沿海和中部的大中城市发挥了关键的引领作用。广东、浙江、江苏、山东 4 个省份的新能源汽车保有量接近全国总量的 40%。这些地区经济实力雄厚，消费者购买力强，对新鲜事物接受度高，加上当地政府积极出台鼓励新能源汽车发展的政策，极大地推动了新能源汽车的普及。其中，上海、海南、北京、天津等地的保有量电动化率尤为突出。上海作为国际化大都市，在公共交通、出租车等领域大力推广新能源汽车，同时完善充电基础设施建设，使得新能源汽车在城市交通中的占比不断提高。海南则凭借建设国际旅游岛的契机，全面推进清洁能源汽车发展，制定了明确的燃油车禁售时间表，新能源汽车保有量迅速增长。北京通过实施新能源汽车指标单独摇号等政策，引导消费者购买新能源汽车，新能源汽车保有量在北方地区位居前列。天津也积极跟进，通过一系列优惠政策吸引消费者，提升了新能源汽车的保有量电动化率。国内新能源汽车保有量分省分布情况如图 3-6 所示。

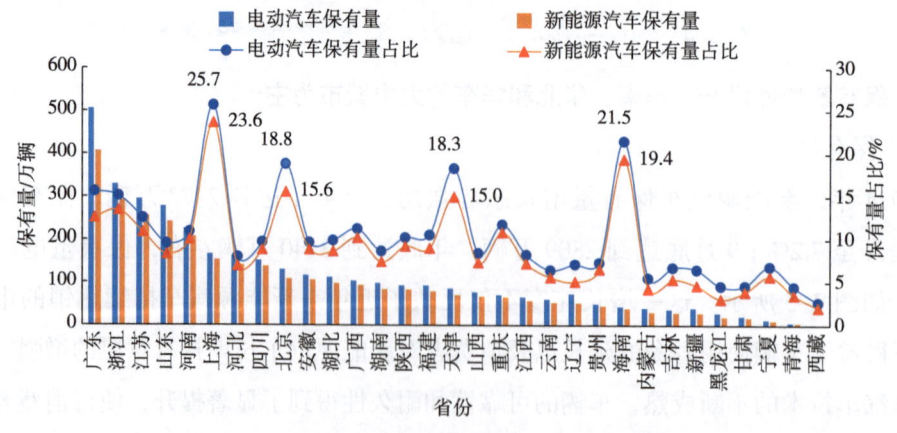

图 3-6　2024 年国内新能源汽车保有量分布情况

东北和西北地区的新能源汽车发展相对缓慢，主要受到当地经济发展水平、气候条件以及充电基础设施建设滞后等因素的影响。东北地区冬季寒冷，低温环境对新能源汽车的电池性能和续航里程影响较大，消费者对新能源汽车的使用体验存在顾虑，也在一定程度上阻碍了新能源汽车的普及。在西北地区，部分城市经济发展相对滞后，消费者购车能力有限，对价格相对较高的新能源汽车购买力不足。同时，该地区地域辽阔，人口密度较低，充电设施建设成本高、收益低，导致充电基础设施覆盖不足，制约了新能源汽车的发展。

5. 营业类车辆带动国内汽车快速电动化

营业类车辆在推动国内汽车电动化进程中发挥了重要作用。截至 2024 年底，城市公交和出租车的保有量电动化率分别达到 85.9% 和 75.1%，如图 3-7 所示。在城市公交领域，新能源公交车凭借其环保、低噪声、运营成本低等优势，成为各大城市公共交通的首选。许多城市制定了明确的公交电动化发展目标，加大新能源公交车的采购力度，逐步淘汰传统燃油公交车。在出租车领域，随着网约车平台的兴起，新能源汽车因其较低的运营成本，受到了众多司机的青睐。一些城市通过政策引导，要求网约车平台逐步提高新能源汽车的占比，进一步推动了出租车的电动化进程。

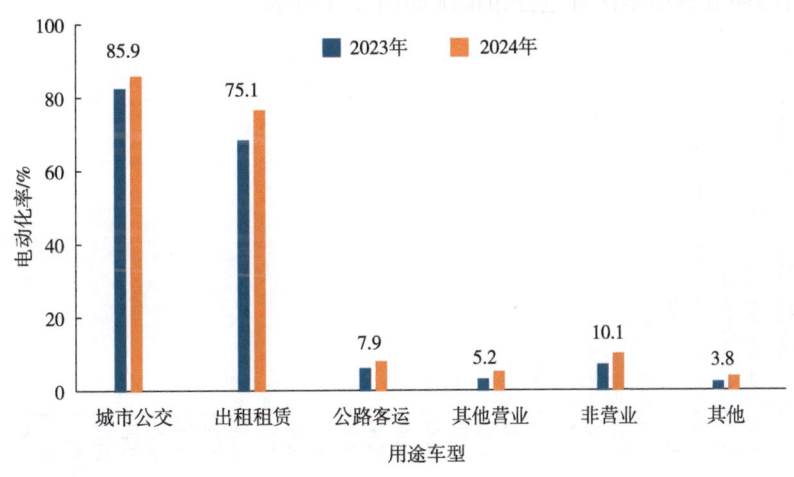

图 3-7　2023 年和 2024 年国内分用途车型电动化水平

相比之下，公路客运、非营业私家车等领域的保有量电动化率相对较低，处于 3.2%~9.1% 之间。公路客运由于运营线路长、对车辆续航里程要求高，目前新能源汽车在该领域的应用还具有一定难度。非营业私家车虽然在新能源汽车保有量中占比较大，但由于消费者对新能源汽车的认知和接受程度存在差异，以及部分地区充电基础设施不完善等，电动化率提升速度相对较慢。

二、不同种类新能源汽车发展存在较大差异

1. 换电汽车稳步增长，车型和分布差异均较大

1）产销量与保有量

2024年，换电车辆产销量达到31.3万辆，其中换电乘用车占比90.4%，下降了2.6个百分点。从保有量来看，2024年国内换电车辆保有量约86万辆，乘用车和商用车占比分别为92.8%和7.2%。

2）区域分布

换电技术路线作为充电技术路线的有益补充，其车辆保有量分布同充电一样具备鲜明的区域特点。浙江、上海、江苏、广东4个省份的换电车辆占全国的比例高达53%。

换电乘用车多分布在中南部地区，其中珠三角、长三角等经济发达区域尤为突出。这些地区经济发达、人口密集，城市通勤需求大，消费者对出行效率较为看重，换电模式能够有效缩短充电时间，满足他们的需求。而且地方政府对新能源汽车的支持力度大，积极推动换电站的建设，为换电乘用车的发展提供了良好的环境。在上海，蔚来通过布局多个换电站，为用户提供便捷的换电服务，吸引了大量消费者选择其换电车型。2024年，国内换电乘用车保有量分布情况如图3-8所示。

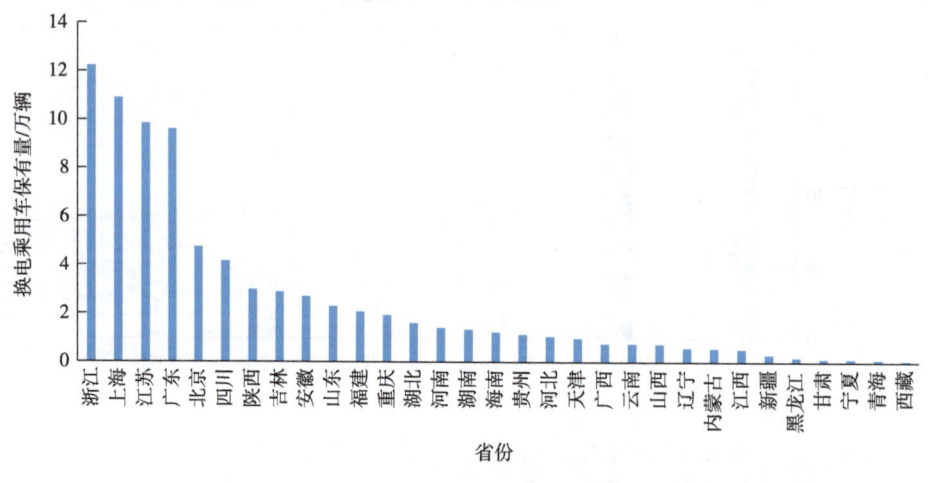

图3-8 2024年国内换电乘用车保有量分布情况

换电商用车多分布在中北部地区，这与中北部地区的产业结构和物流运输特点有关。中北部地区工业基础雄厚，物流运输需求旺盛，商用车在这些地区的运营里程长，换电模式可以减少车辆的充电等待时间，提高运营效率。2024年，国内换电商用车保有量分布情况如图3-9所示。

第三章 新能源汽车和补能设施发展现状及趋势

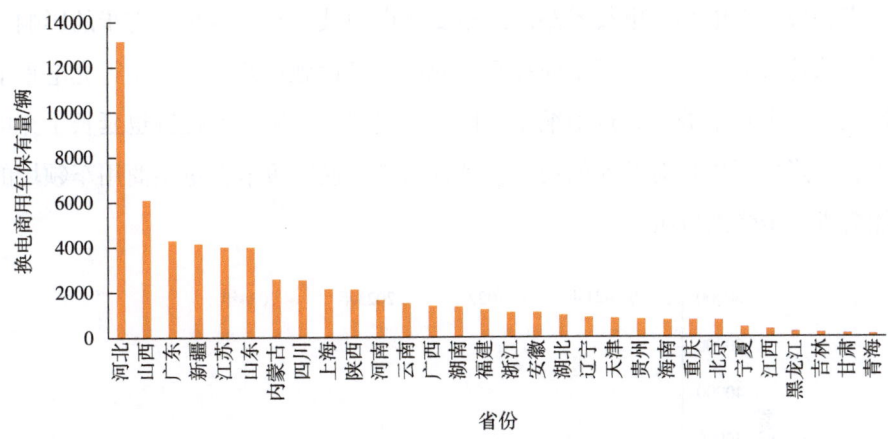

图 3-9 2024 年国内换电商用车保有量分布情况

3）换电商用车在重卡领域有一定突破

电动重卡作为交通运输领域减碳的重要手段，具有重要的推广意义。重卡虽然仅占汽车保有量的 3.7%，但其碳排放量却占汽车碳排放总量的 47%。在新能源重卡的发展进程中，换电重卡曾取得显著进展。2021 年，新能源重卡销量超过 1 万辆，其中换电重卡占比 31.9%。2022 年，新能源重卡销量跃升至 2.5 万辆以上，换电重卡占比 49.4%，首次超过充电重卡，同时氢能重卡也逐渐崭露头角。2023 年，新能源重卡销量达到 3.4 万辆，换电重卡占比降至 42.9%，低于充电重卡 3 个百分点，而氢能重卡的市场份额进一步提升。2024 年，新能源重卡销量进一步提升，达到 8.2 万辆，其中充电、换电、混动、氢能的比例分别为 59%、35%、1% 和 5%。2021—2024 年，国内新能源重卡销量增长情况和不同技术路线新能源重卡销量构成分别如图 3-10 和图 3-11 所示。

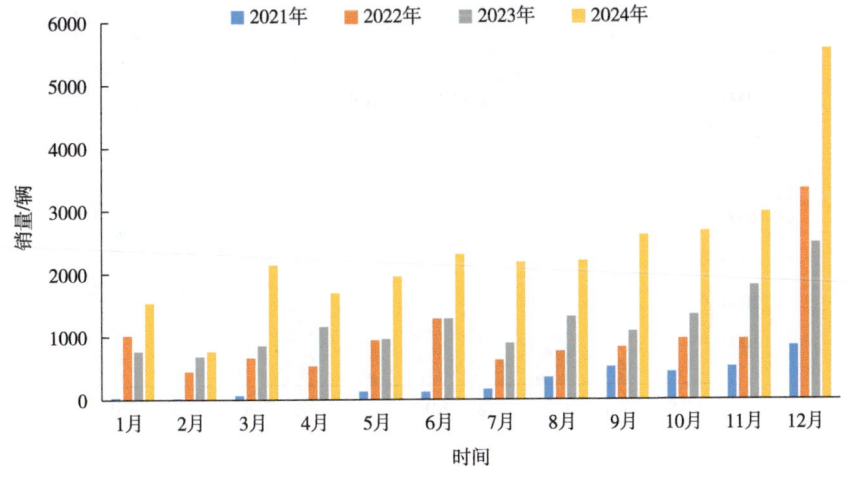

图 3-10 2021—2024 年国内新能源重卡销量增长情况

在重卡领域，充电和换电技术路线之争受到电池技术和充电技术进步的影响。随着充电技术的快速发展，充电速度不断提高，充电基础设施逐渐完善，使得充电重卡在使用便利性上与换电重卡的差距逐渐缩小。同时，电池能量密度的提升也延长了充电重卡的续航里程，降低了用户对续航的担忧。预计未来，换电重卡在重型商用车领域的市场份额可能会进一步受到挤压。

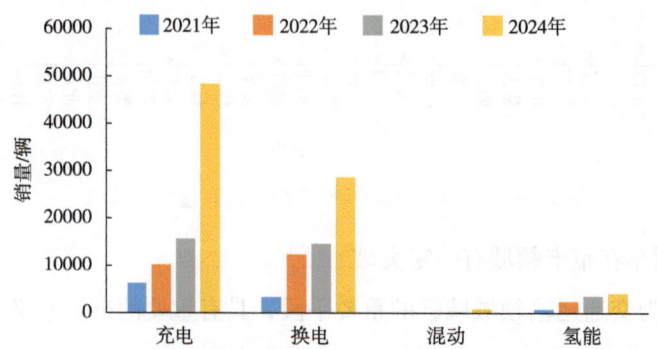

图 3-11　2021—2024 年国内不同技术路线新能源重卡销量构成

2. 氢燃料电池汽车存在技术和经济瓶颈，各地发展存在较大差异

1）产销量

得益于早期政策的大力扶持以及行业对氢燃料电池技术前景的乐观预期，氢燃料电池汽车在 2016—2019 年经历了一段快速增长期。2020 年，市场明显降温，主要原因在于技术瓶颈未能有效突破，成本居高不下，导致市场需求难以持续释放。从 2021 年开始，受新一轮政策拉动，市场逐渐回暖。2024 年，氢燃料电池汽车产销量分别为 5116 辆和 5106 辆，同比分别增长 -10.4% 和 -12.6%，整体规模仍然较小，如图 3-12 所示。

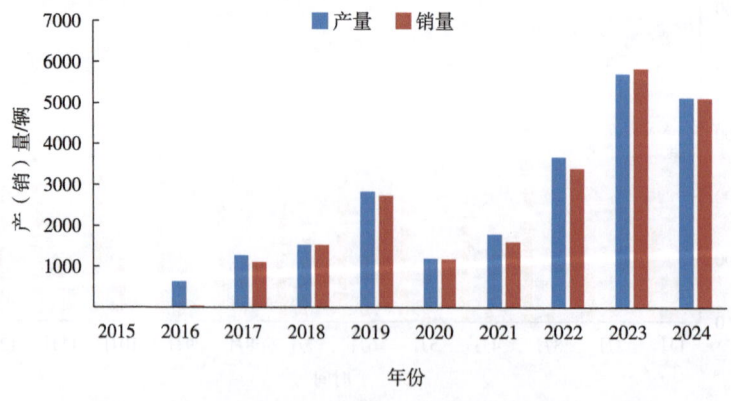

图 3-12　2015—2024 年国内氢燃料电池汽车产销现状

2）保有量

2024年，国内氢燃料电池汽车保有量达到2.15万辆，在新能源汽车整体保有量中占比仅0.07%，而且正常使用车辆不足50%。这一低保有量和低使用率数据反映出氢燃料电池汽车在实际推广过程中面临诸多困难：(1) 车辆价格高，可靠性和耐久性仍有待提高，维修成本高昂；(2) 加氢站建设成本高，加氢站数量有限，分布极为不均，这极大地限制了氢燃料电池汽车的使用范围和便利性；(3) 氢气销售价格高，由于氢能在车用领域没有形成产业链运营，导致加氢枪口价较高，与柴油相比竞争力较差。

3）区域分布

国内氢燃料电池汽车区域发展不平衡。目前，氢燃料电池汽车主要分布在北京、广东、河北、河南、上海、山东、山西等省份。这些地区大多是经济较为发达、产业基础雄厚且政策支持力度较大，在政策引导和支持下积极布局氢燃料电池汽车产业。广东依托其强大的制造业基础和对新能源产业的高度重视，积极推动氢燃料电池汽车在公交、物流等领域的应用，并大力建设加氢站。上海则借助其在科技研发、金融服务等方面的优势，吸引了众多氢燃料电池汽车相关企业入驻，形成了较为完整的产业链。山东作为传统的工业大省，在化工、能源等领域具有丰富的资源和技术积累，为氢燃料电池汽车的发展提供了有力支撑。其他地区发展相对缓慢。2024年，国内氢燃料电池汽车保有量分布情况如图3-13所示。

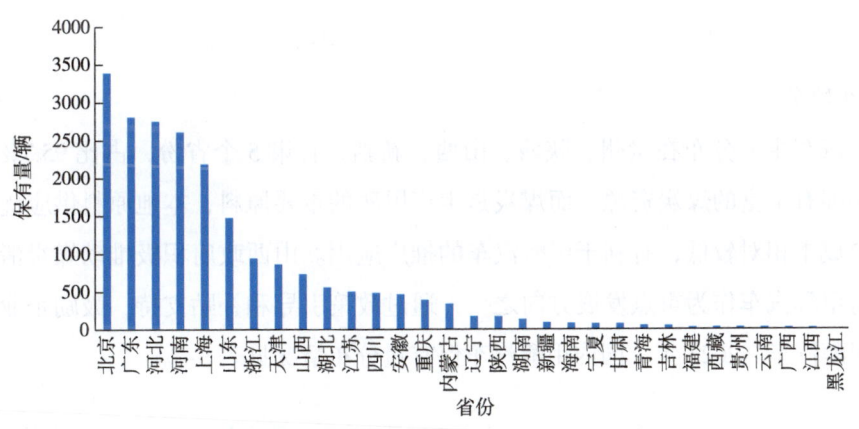

图3-13　2024年国内氢燃料电池汽车保有量分布

3. 绿色甲醇成为绿氢消纳的一个载体，甲醇汽车又成为行业热点

1）保有量

甲醇汽车的推广受国家政策影响较大。在2019—2020年个别城市进行深度试点之后，甲醇汽车保有量变化较小。然而，2024年受甲醇重卡的拉动，国内甲醇汽车保有量达到 2.77 万辆，同比基本持平。从历年保有量数据来看，甲醇汽车保有量在试点初期增长缓慢；2023—2024 年，在新能源汽车的冲击下，甲醇乘用车呈萎缩趋势，甲醇重卡呈上升趋势，保有量总体规模较小，相对持稳。

2）车型构成

甲醇汽车以出租车为主，2024 年占比 83.6%；甲醇重卡从 2023 年开始进入市场，2024 年其保有量达到 4536 辆，占比 16.4%。随着物流行业对环保和成本控制的需求不断加强，甲醇重卡在长途运输领域有一定发展潜力。

2017—2024 年，国内甲醇汽车保有量及车型结构如图 3-14 所示。

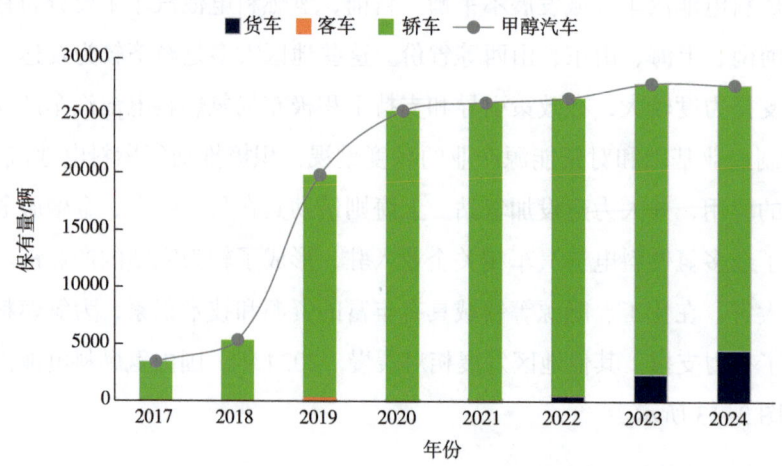

图 3-14　2017—2024 年国内甲醇汽车保有量及车型结构

3）车辆分布

甲醇汽车主要分布在贵州、陕西、山西、新疆、甘肃 5 个省份，占比 95.7%。这些地区大多拥有丰富的煤炭资源，而煤炭是生产甲醇的重要原料，本地原料供应优势使得甲醇燃料成本相对较低，有利于甲醇汽车的推广应用。山西政府积极推动煤炭清洁高效利用，将甲醇汽车作为重点发展方向之一，通过政策引导和补贴支持，鼓励企业和消费者使用甲醇汽车。2023 年，国内甲醇汽车保有量分布情况见表 3-2。

表 3-2　2023 年国内甲醇汽车保有量分布　　　　　　　　　单位：辆

省份	货车	客车	轿车	合计
贵州	16	0	16548	16564
陕西	48	9	8529	8586
山西	1142	19	256	1417
甘肃	482	0	117	599

续表

省份	货车	客车	轿车	合计
新疆	451	0	1	452
云南	42	0	1	43
河南	35	0	2	37
海南	33	0	0	33
黑龙江	3	0	25	28
广西	16	0	6	22
四川	21	0	1	22
河北	10	0	3	13
内蒙古	7	0	3	10
山东	7	0	1	8
天津	8	0	0	8
湖北	7	0	0	7
广东	6	0	0	6
浙江	5	0	1	6
重庆	6	0	0	6
湖南	0	0	4	4
宁夏	2	0	2	4
青海	3	0	0	3
西藏	2	0	0	2
福建	0	0	1	1
上海	0	0	1	1

吉利集团作为甲醇汽车的主要生产商，正在国内布局"1+N"甲醇汽车生产厂。计划 2024 年在国内销售甲醇重卡 8000 辆，保有量达到 1 万辆，消费甲醇 100 万吨，替代柴油约 40 万吨。但在电动重卡、LNG 重卡等竞争和冲击下，实际推广结果不及预期。

三、全国汽车电动化发展趋势预测

1. 发展预测

依据《新能源汽车产业发展规划（2021—2035 年）》，原本规划在 2025 年，新能源汽车新车销量要达到汽车新车销售总量的 20% 左右；到 2035 年，纯电动汽车成为新销售车辆主流，公共领域用车全面电动化，燃料电池汽车实现商业化应用。而《节能与新能源汽车技术路线图 2.0》则描绘了至 2035 年，新能源汽车与节能汽车销量各占 50% 的蓝图，其中新能源汽车领域纯电动车销量占比 95%，节能汽车领域混合动力汽车销量占比 100%，详见表 3-3。

现实的发展速度远超规划预期。在 2022 年、2023 年和 2024 年，新能源汽车销量份额已分别达到 25.6%、31.6% 和 40.9%。这一快速增长得益于多方面因素。从技术层面看，电池能量密度提升、充电速度加快等技术迭代；车企为抢占市场份额，积极开展降价促销活动，降低了消费者的购车门槛；各地政府持续出台的购车补贴、免费停车、新能源指标优先等政策，形成了强大的政策刺激。预计 2025 年、2026 年新能源汽车销量份额将分别达到 45% 和 50% 左右，终端销量分别达到 50% 左右和 50% 以上。

表 3-3 节能与新能源汽车技术路线图

项目	《节能与新能源汽车技术路线图 2.0》			《节能与新能源汽车技术路线图 1.0》		
	2025 年	2030 年	2035 年	2020 年	2025 年	2030 年
新能源汽车销量占总销量比例 /%	约 20	约 40	50	—	>15	40
混合动力汽车销量占节能汽车比例 /%	>50	>75	100	—	20	25
氢燃料电池汽车 / 万辆	10		100	0.5	5	100

2. 销量预测

自 2021 年新能源汽车销量渗透率超过 10% 这一关键节点后，历经长达 12 年的导入期，正式迈入成长期。在成长期内，其发展态势遵循典型的 S 形曲线，预计还将持续增长 20 年左右，如图 3-15 所示。2022 年新能源汽车渗透率达到 25.6%，2023 年渗透率进一步提升至 31.6%。综合产销量增长趋势，同时考虑到电池供应方面部分原材料（如锂、钴等）存在供应紧张局面，芯片供应在全球供应链波动下也面临挑战，以及车企产能爬坡需要时间等限制因素，2025 年在需求持续释放下，销量将超过 1200 万辆。

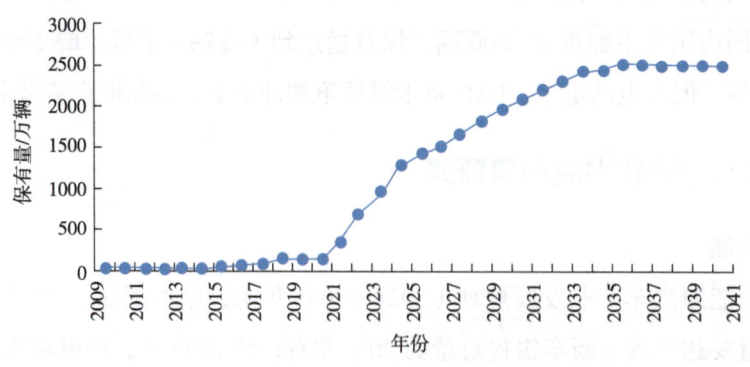

图 3-15 国内新能源汽车销量发展趋势预测

3. 保有量预测

展望未来，新能源汽车保有量将呈现爆发式增长趋势。2025 年，新能源汽车保有量预计将超过 4000 万辆，其中氢燃料电池汽车由于技术发展和政策推动，预计将达到

3万~5万辆。随着技术的持续突破和市场的进一步拓展，2030年新能源汽车保有量有望达到1亿辆，2035年将攀升至2亿辆，到2040年预计接近3亿辆（图3-16）。

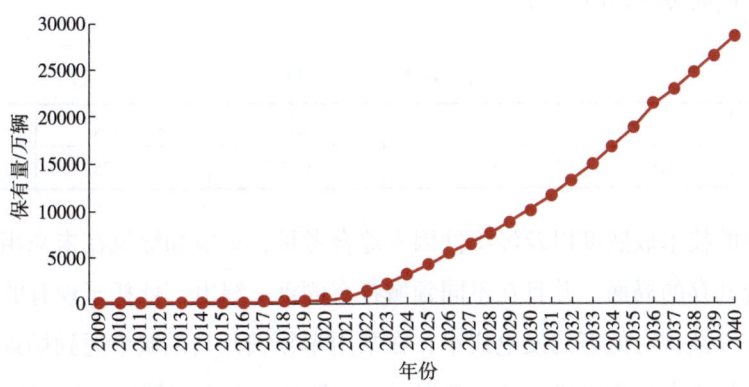

图3-16　国内新能源汽车保有量发展趋势预测

4. 占比预测

1）新能源汽车占比快速攀升

电动力和氢能源在汽车动力领域的占比将快速攀升。新能源汽车凭借其环保、高效等优势，市场占比正迅速扩大。与之相对，燃油车由于碳排放等问题，其保有量占比将持续下降。压缩天然气（CNG）汽车，正在被电动汽车所取代，保有量持续萎缩。液化天然气（LNG）汽车仍有一定发展空间，发展窗口期预计6年左右。电动汽车凭借不断提升的性能和日益完善的基础设施，正快速替代燃油车和CNG汽车（图3-17）。

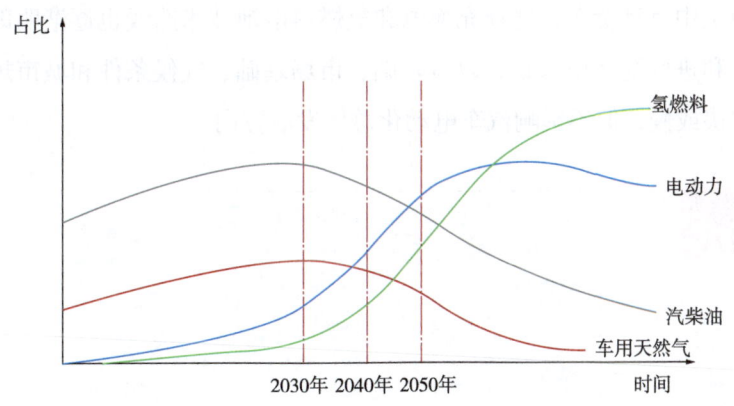

图3-17　不同动力类型汽车保有量占比预测

2）绿电和绿氢可能成为车用动力的终极目标

长远来看，绿电和绿氢极有可能成为车用动力的终极目标。从碳氢比层面考量，氢能源碳氢比最低、氢含量最高，在燃烧过程中几乎不产生碳排放，对环境极为友好

（表3-4）；从能量密度角度分析，相较于传统化石能源以及部分现有的新能源，氢能源拥有更高的能量密度，能够为车辆提供更持久、强劲的动力输出。这使得氢能源在理论上具备成为终极能源的卓越潜力。

表3-4 不同能源形式碳氢比

能源形式	木材	煤炭	石油	天然气	氢气
碳氢比	100：0	50：50	33：67	25：75	0：100

根据当下的技术成熟度以及经济性因素综合考量，绿电和绿氢在未来相当长的一段时期内将呈现共存的局面，并且在不同领域各有侧重。绿电，依托于现有的较为成熟的电力基础设施以及相对低廉的发电成本，在乘用车领域尤其是城市通勤场景中，凭借其充电便捷、运行成本低等优势，已然占据了重要地位。众多新能源乘用车通过接入电网充电，满足了消费者日常短距离出行的需求。而绿氢，尽管目前在技术应用上还面临诸如制氢成本高昂、储存和运输难度大等挑战，但在商用车特别是重型卡车、长途运输等领域展现出独特的价值。这些车辆对续航里程和承载能力要求极高，绿氢高能量密度的特性能够更好地适配其需求，有望在未来助力商用车实现更高效、更环保的长途运输。

5. 汽车电动化转型实施路径

国内汽车电动化转型分车型、分区域逐步推进（图3-18）。从车型来看，不管是私家车、出租车等乘用车，还是客车、微型货车和轻型货车等商用车，电动化技术路线非常明确，即使是中重型货车，选择充换电和氢燃料电池技术路线也逐渐明朗。从区域来看，推进次序和进度受环境因素、政策基础、市场基础、气候条件和城市规模等因素的影响，速度或快或慢，但不影响汽车电动化总体发展方向。

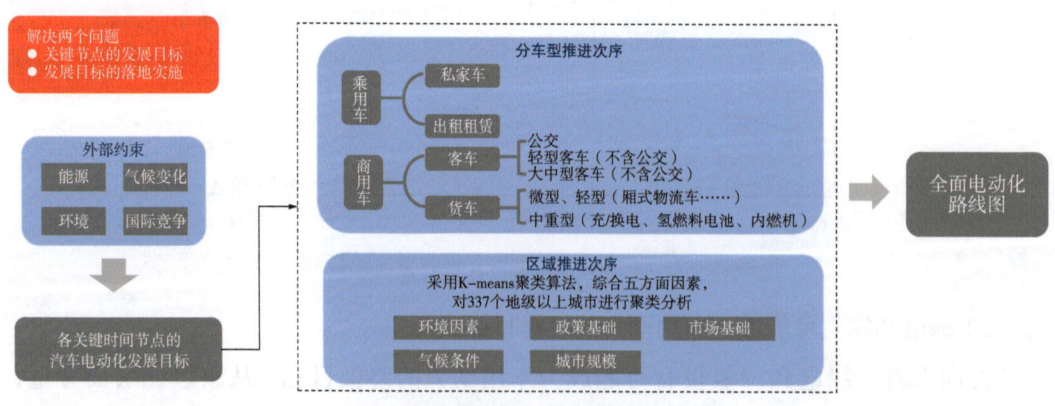

图3-18 国内汽车电动化转型实施路径

6. 随着新能源汽车保有量的不断攀升，充电量快速增长

2023年国内新能源汽车充电量达到713亿千瓦时，同比增长78.2%；2024年达到1105亿千瓦时，同比增长55%，增长势头极为强劲。这一增长不仅反映了新能源汽车保有量的增加，也体现了用户使用频率的提升。

基于国内汽车快速电动化发展趋势，2025年国内新能源汽车保有量预计将达到4000万辆左右，相应的充电需求将飙升至1500亿千瓦时左右。到2030年，随着新能源汽车保有量达到1亿辆左右，充电需求将进一步增长至2650亿千瓦时左右。而到2050年，预计国内汽车保有量在5.4亿辆左右，且全部为新能源汽车，届时充电需求将高达10100亿千瓦时。2020—2050年，国内新能源汽车保有量和充电需求量分别如图3-19和图3-20所示。

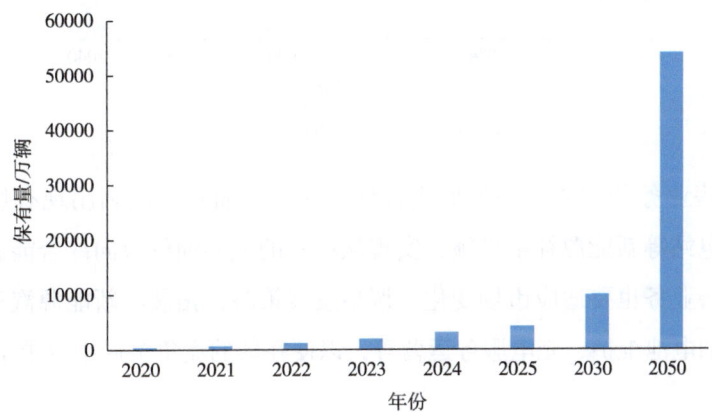

图3-19　2020—2050年国内新能源汽车保有量

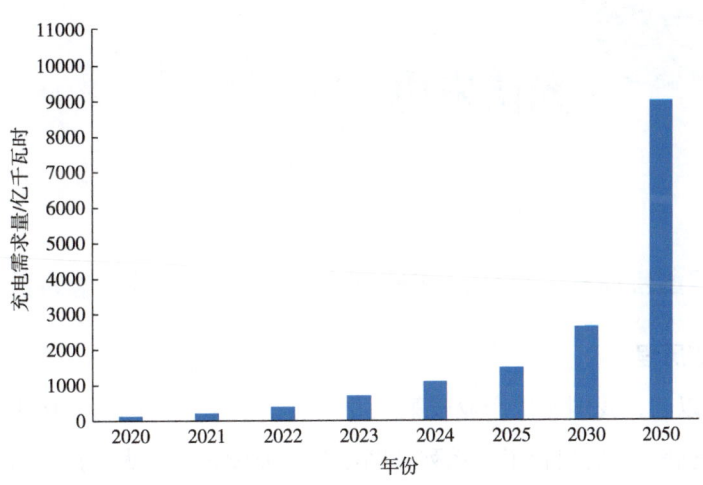

图3-20　2020—2050年国内新能源汽车充电需求量

7. 成品油需求锐减，销售业务和加油站必须加快转型

随着汽车电动化进程的加速，国内成品油需求量将快速萎缩。2024 年国内汽柴油需求量已达峰，并已触顶下行。预计在 2040 年前后，国内成品油需求量将下降到 2024 年的 1/2 左右，如图 3-21 所示；低情景下，甚至下降到 2024 年的 1/4 左右。

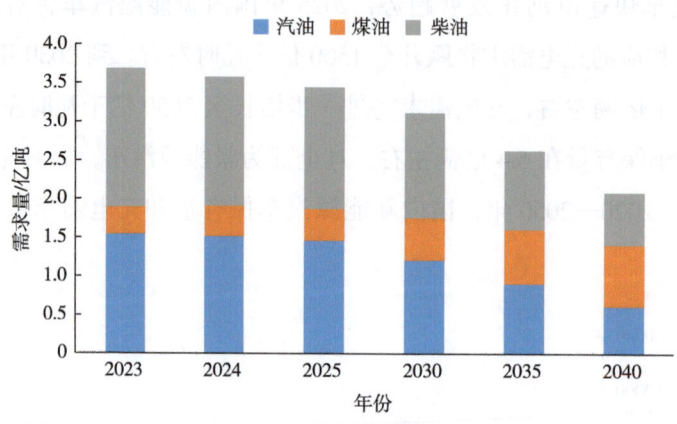

图 3-21　国内成品油需求量预测

成品油销售业务和加油站必须加快转型步伐。加油站可以利用现有场地资源，增设充电桩、换电站等新能源补给设施，实现从单一的成品油供应向综合能源补给站的转变。同时，销售业务也要适应市场变化、调整发展策略，拓展与新能源汽车和补能设施相关的业务，如电池维护、充电服务运营等，以便在新的竞争格局中寻求生存与发展。

第二节　光伏发电

一、产业政策逐步从扩大装机规模转向支持行业有序高质量发展

1. 政策演变历程

在 2018 年以前，我国光伏产业政策主要聚焦于快速扩大国内光伏市场规模。为了推动光伏产业发展，政府出台了一系列补贴政策，鼓励企业加大生产投入，吸引了大量资本涌入光伏领域。众多企业纷纷扩大产能，建设新的光伏电站和生产线，使得国内光

伏装机量迅速增长。这种快速扩张也带来了一些问题，如部分企业盲目跟风，导致产能过剩，市场竞争加剧，产品质量参差不齐，同时政府补贴压力也日益增大。

2. 政策调整方向

自 2018 年起，产业政策开始转向合理控制发展节奏、降低发电成本、减少补贴依赖。政府逐步削减补贴力度，引导企业通过技术创新和规模化生产来降低成本。企业开始加大在研发方面的投入，致力于提高光伏电池的转换效率、降低生产能耗。一些企业通过改进生产工艺，采用更先进的设备和材料，成功降低了光伏组件的生产成本。同时，行业整合加速，一些竞争力较弱的企业逐渐被淘汰，市场集中度不断提高。

3. 实现平价上网

到 2020 年，国内光伏发电基本实现了平价上网。这意味着在没有政府补贴的情况下，光伏发电成本已经能够与传统能源发电成本相竞争。这一成果的取得，得益于产业政策的引导和企业的不懈努力。平价上网的实现，标志着我国光伏产业进入了一个新的发展阶段，不再依赖补贴生存，而是凭借自身的成本优势和技术实力在市场中立足。2022 年，全投资模型下分布式光伏发电系统在 1800 小时、1500 小时、1200 小时、1000 小时等效利用小时数的平准化度电成本（LCOE）分别为 0.18 元/（千瓦·时）、0.20 元/（千瓦·时）、0.25 元/（千瓦·时）、0.30 元/（千瓦·时），在全国大部分地区都具有经济性（图 3-22）。

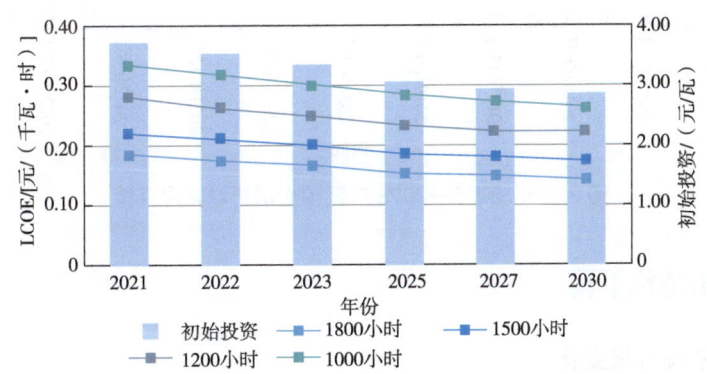

图 3-22　2021—2030 年光伏分布式电站不同等效利用小时数 LCOE 估算

二、受益于基地项目的大规模并网潮，集中式光伏反超分布式

1. 新增装机量全球领先

我国光伏新增装机量多年来一直保持全球首位。2023 年，我国光伏新增装机量达到 216.88 吉瓦，同比增长 148.1%。在全球推动清洁能源发展的大背景下，我国凭借完善的

产业链、强大的制造能力和积极的政策支持，在光伏领域持续发力，引领全球光伏市场的发展。

2. 集中式与分布式发展差异

在 2023 年的新增装机中，集中式光伏新增约 120.0 吉瓦，同比增长 230.7%；分布式光伏新增 96.28 吉瓦，同比增长 88.4%。可以看出，集中式光伏增长速度远高于分布式光伏，这主要得益于基地项目的大规模并网潮。国家大力推进大型光伏基地建设，这些基地通常位于光照资源丰富、土地成本较低的地区，如西部地区的沙漠、戈壁等地。基地项目规模大、建设周期相对集中，能够快速形成装机规模。而分布式光伏虽然也在增长，但受限于屋顶资源分散、建设规模较小、并网手续复杂等因素，增长速度相对较慢。2023 年，光伏新增并网容量约 2.1 亿千瓦，2024 年一季度新增并网容量 45.74 吉瓦，集中式地面电站占比快速上升，其在能源供应中的地位日益重要（图 3-23）。

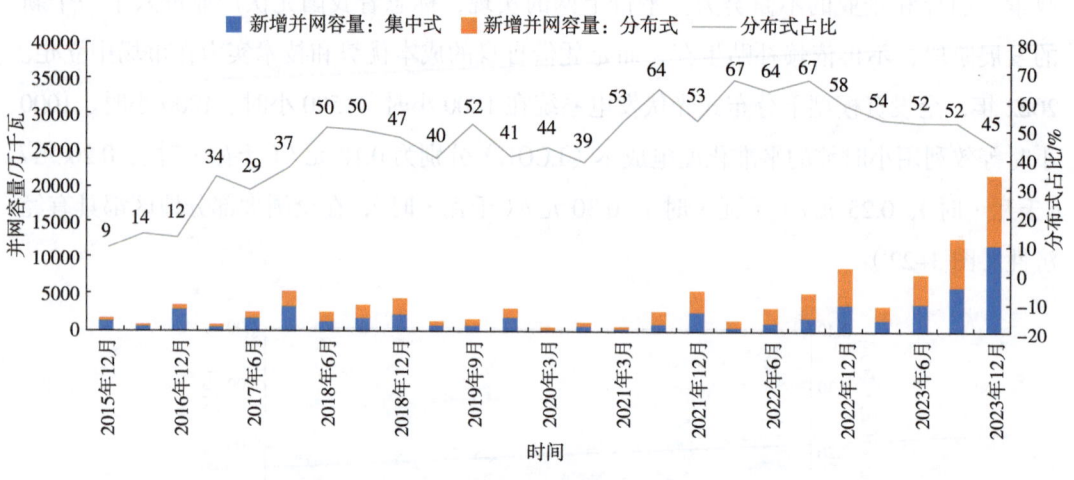

图 3-23　2015—2023 年我国光伏新增并网容量

三、投资成本持续下降

1. 组件及系统价格变化

2023 年国内光伏组件价格为 1.32 元 / 瓦，同比下降 17.7%；系统价格为 3.40 元 / 瓦，同比下降 32.3%，如图 3-24 所示。组件价格的下降，主要得益于光伏制造技术的不断进步。企业通过提高生产自动化水平、优化生产流程、扩大生产规模等方式，降低了生产成本。系统价格的大幅下降，除了组件价格下降的因素外，还与系统集成技术的改进、安装成本的降低有关。一些企业通过优化系统设计，减少了不必要的设备和材料，提高了系统的稳定性和可靠性，从而降低了系统成本。

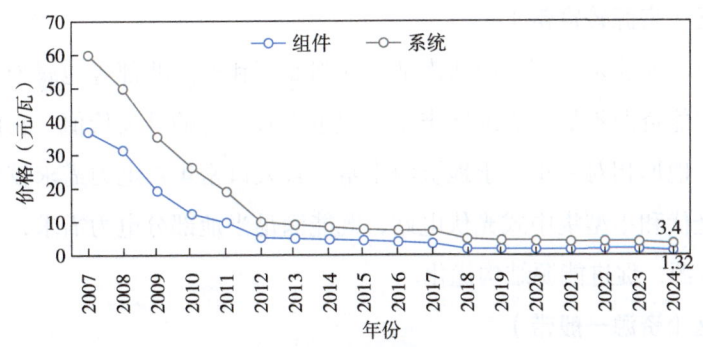

图 3-24　2007—2024 年国内组件及系统价格变化情况

2. 系统成本构成变化

从光伏电站系统成本的构成来看，组件成本占比大幅下降 8.4%（图 3-25），表明在成本下降过程中，组件成本的降低起到了关键作用。其他技术成本绝对值下降，占比上升 5.5%，随着技术的进步，虽然一些技术环节的成本在降低，但在整个系统成本中的相对重要性有所提高。

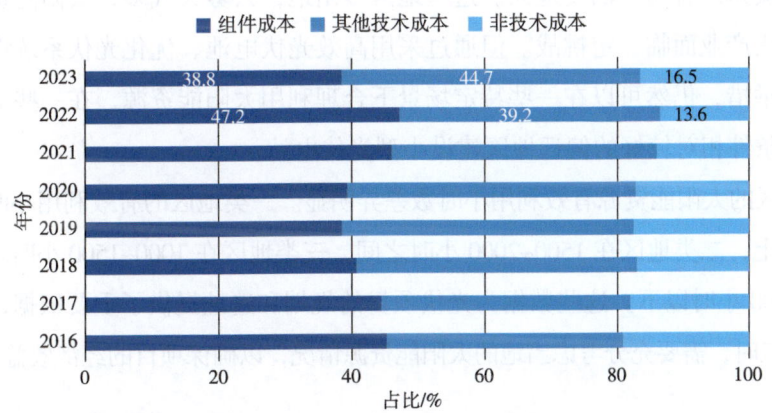

图 3-25　2016—2023 年地面电站系统成本占比变化情况

四、太阳能光照资源情况存在差异

1. 一类地区（资源丰富带）

青藏高原、甘肃北部、宁夏北部、新疆南部、河北西北部、内蒙古大部等地属于一类地区。这些地区海拔较高，空气稀薄，大气对太阳辐射的削弱作用小，且晴天多，日照时间长，太阳能资源极为丰富。青藏高原部分地区的年日照时数可达 3000 小时以上，太阳能辐射强度高，非常适合建设大型光伏电站。在这些地区建设光伏电站，能够充分利用丰富的太阳能资源，提高发电效率，降低发电成本。

2. 二类地区（资源较富带）

山东、河南、河北东南部、山西南部、新疆北部和安徽北部等地属于二类地区。这些地区虽然太阳能资源不如一类地区丰富，但也具有一定的开发价值。它们地处平原或低山丘陵地区，地形相对平坦，土地资源丰富，且人口密集，电力需求较大。在这些地区发展分布式光伏和小型集中式光伏电站，既能满足当地部分电力需求，又能有效利用当地的太阳能资源，促进能源结构优化。

3. 三类地区（资源一般带）

长江中下游、福建、浙江和广东的部分地区属于三类地区。这些地区气候湿润，多云雨天气，太阳能资源相对一般。然而，这些地区经济发达，能源需求旺盛，且拥有丰富的屋顶资源。因此，发展分布式光伏，如在工业厂房、商业建筑和居民住宅的屋顶上安装光伏组件，能够充分利用闲置资源，实现自发自用、余电上网，在一定程度上缓解能源供需矛盾。

4. 四类地区（资源贫乏区）

四川、贵州两省属于四类地区。这些地区多山地，云雾天气多，太阳能资源较为贫乏，发展光伏产业面临一定挑战。但通过采用高效光伏电池、优化光伏系统设计等技术方面的创新举措，仍然可以在一些特定场景下合理利用太阳能资源，在一些对电力需求较小且光照条件相对较好的偏远地区建设小型光伏电站。

不同地区的太阳能资源有效利用小时数差异明显。一类地区的有效利用小时数通常在2000小时以上，二类地区在1500~2000小时之间，三类地区在1000~1500小时之间，四类地区则在1000小时以下。这些数据为光伏项目的规划和选址提供了重要依据，投资者在选择项目地点时，需要充分考虑当地的太阳能资源情况，以确保项目的经济效益和可行性。

五、多数加油站分布式光伏能实现明显的用电节费效果

当加油站分布式光伏系统的自用比例处于70%~80%时，经济性表现较好。在该比例区间内，一方面能充分利用光伏发电满足自身大部分用电需求，减少市电采购费用；另一方面，剩余电量若能以合理价格上网售卖，还可额外增加收益。经实际运营数据统计，平均单座加油站光伏发电每年可节费1万~2万元。一些运营管理良好、光照条件优越且电价较高地区的加油站，节费金额甚至能突破2万元。

自2023年下半年以来，情况发生了变化。电价改革使得部分地区电价结构调整，一些原本电价较高的地区，通过政策调控降低了商业用电价格，这在一定程度上削弱了分布式光伏系统自用节费的优势。同时，上网政策也有所变化，对分布式光伏发电上网

的补贴政策收紧，或者提高了上网门槛，导致加油站将多余电量上网售卖的收益减少，部分地区取消了每千瓦时0.1元的上网补贴，且对上网电量的检测和审批流程更加严格，使得加油站分布式光伏系统的整体节费效果明显降低。原本节费效果良好的加油站，在政策变动后，每年节费金额可能减少30%~50%，一些原本节费能达到2万元的加油站，在政策调整后，节费金额可能降至1万元左右甚至更低。

六、光伏应用市场将继续维持高位平台运行

2024年，光伏新增装机仍然保持较大规模，主要得益于全球对清洁能源的持续需求，以及各国在能源转型方面的坚定决心。许多国家制定了明确的可再生能源发展目标，我国也将光伏发电作为推动能源结构优化的重要手段。在国内，大型光伏电站项目持续推进，一些西部地区利用广袤的土地资源，规划建设了多个吉瓦级别的光伏电站群。同时，分布式光伏在工业厂房、商业建筑以及居民住宅等领域的应用也在不断拓展。我国光伏新增装机预测如图3-26所示。

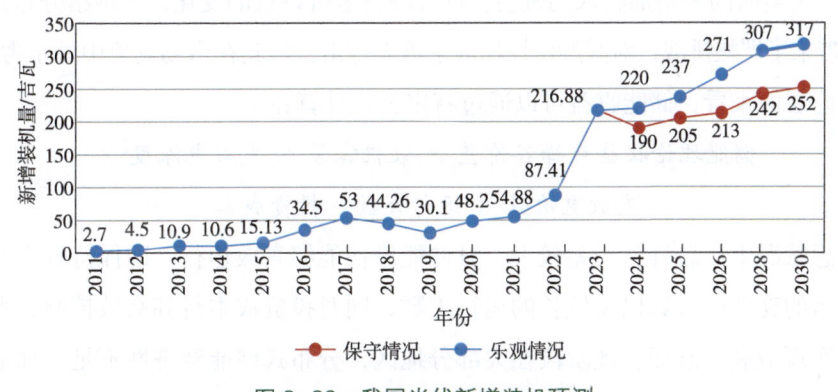

图3-26 我国光伏新增装机预测

国家层面出台政策积极探索项目收益新模式，鼓励分布式光伏由投资向运营转变，进一步深化与负荷、储能、充电桩等用户侧能源节点的协同；同时，通过提升能源精细化预测、调度与控制能力，实现对光伏发电、储能设备充放电以及用户用电需求的精准管理。业务模式也逐渐向售电服务、负荷聚合服务等方向转型。一些企业开始整合分布式光伏资源，作为售电主体参与电力市场交易，通过优化电力销售策略，提高收益。负荷聚合服务则是将多个分布式光伏用户的用电负荷进行整合，参与电网的需求响应，获取相应收益。

随着分布式及户用光伏渗透率的不断提高，发展模式亟须改变。当前，电网消纳已成为发展瓶颈。由于分布式及户用光伏发电具有随机性和间歇性特点，大量分布式光伏接入电网，可能会对电网稳定性造成影响。不少省份为保障电网安全稳定运行，出台了

分布式光伏"红区暂停备案"等政策。在一些分布式光伏装机容量增长过快的地区，由于电网承载能力有限，不得不暂停新的分布式光伏项目备案，以避免电网出现过电压、谐波等问题。此外，部分省份的分时电价政策对分布式及户用光伏的发展也有所限制。为突破这些困境，一方面需要加大电网改造升级力度，提高电网对分布式光伏的接纳能力；另一方面，要进一步优化政策，制定更加合理的分时电价政策，鼓励用户在用电高峰时段多发电、多用电，促进分布式及户用光伏健康发展。

七、电价改革利空分布式光伏发电，鼓励配置储能，多数经济性不好

在电价改革的诸多举措中，有10余个省份将白天的电价划定为波谷电价。传统上，白天是分布式光伏的主要发电时段，阳光充足时发电量较高。然而，当电价处于波谷时段时，光伏发电所产生的电量出售给电网的价格会相应降低。分布式光伏发电项目的收益主要来源于向电网售电收入，如此一来，收入明显减少。此外，个别省份更是将峰谷频次降低到1次，使得原本通过峰谷电价差来获取收益的分布式光伏发电项目，失去了通过灵活调整发电与售电时间来增加收入的机会。这种峰谷电价设置的变化，无疑给分布式光伏发电的发展带来了严峻挑战，对其经济性构成了重大打击，使其在市场竞争中处于劣势地位。

从理论层面来看，储能收益可以通过特定公式计算：

$$储能理论收益 = 峰谷价差 \times 装机容量 \times 充放电深度 \times 充放电次数 \times 运行天数 - 投资成本$$

在理想状况下，若峰谷价差较大，且储能设备能够高效运行，即保持较高的充放电深度、频繁的充放电次数以及较长的运行天数，同时投资成本得到有效控制，那么储能项目有望实现盈利。然而，现阶段在大部分地区，分布式储能经济性不足。加油站一般配置100千瓦/200千瓦时储能规模，可以保证2小时充换电循环要求。由于加油站用电需求较为分散，无法全部集中在尖峰时段，而且若加油站没有开展充电业务，同时上马光伏和储能项目并非明智之举。因为光伏的发电时间与储能的充放电时间存在重叠，要实现二者的高效协同，需要复杂的控制策略。在实际操作中，这种复杂的控制不仅增加了技术难度，还提高了运营成本，最终导致项目的经济性大打折扣。

八、"光—储"和"光—储—充"融合发展模式探索

1. 典型油库"光—储"模式测算

为深入探究"光—储"模式在实际场景中的应用可行性与经济效益，研究人员针对黑龙江某油库1和某油库2展开了详细的测算。在测算过程中，分别对光伏发电的"自

发自用"模式和"光—储"模式进行了全面分析。在"自发自用"模式下，油库利用自身屋顶或闲置场地安装光伏板，所发电力直接供油库内部设备使用，如照明系统、油泵运转、监控设备等。这种模式的优势在于无须额外的储能设备投资，减少了设备购置、安装与维护成本，且不存在储能设备充放电过程中的能量损耗。而"光—储"模式则是在光伏发电的基础上，增设储能装置，当光伏发电量超过油库即时用电量时，多余电量储存至储能设备中；在光伏发电不足或夜晚无光时，由储能设备放电满足油库用电需求。

从最终的测算结果来看，"自发自用"模式的经济性高于"光—储"模式（表3-5）。其中一个主要原因是，储能投资偏高，且本身经济性不足。储能设备的购置成本高昂，一套中等规模的储能系统价格可达数十万元甚至更高。此外，储能设备的寿命有限，一般在数年到十余年不等，其间还需要定期维护保养，这进一步增加了长期运营成本。同时，由于当前储能技术的能量转换效率并非100%，在充放电过程中会有一定比例的电量损耗，降低了整体的能源利用效率与经济效益。

表3-5 典型油库"光—储"模式测算主要经济评价数据和指标汇总表

	项目	"自发自用"模式	"光—储"模式
基本数据	规模	60千瓦	60千瓦/120千瓦时
	总投资/万元	27.00	63.72
	年均收入/万元	3.82	6.97
	年均总成本费用/万元	1.92	3.53
	年均利润总额/万元	1.90	3.44
经济评价指标	内部收益率/%	11.50	7.5
	投资回收期/年	8.2	10.4

2. 典型加油站"光—储—充"模式测算

湖南某加油站在能源转型探索方面迈出了积极步伐，其已建光伏规模偏高，为进一步提升能源利用效率与经济效益，尝试开展"光—储—充"模式，以此提高光伏发电消纳比例。在该模式下，加油站配置了50千瓦/100千瓦时的储能系统，依据过往用电与充电数据预测，该储能系统每天循环次数可达1.5~2.0次。同时，加油站还建设了2台120千瓦双枪快速充电桩，由于原有电力容量无法满足新增充电桩的用电需求，因此需要进行增容改造。

在成本与收益方面，光伏发电模式的投资相对较低，为22.3万元。其收益主要来源于向加油站内部供电减少的电费支出，以及少量余电上网获得的收入。而"光—储—充"模式由于增加了储能设备与充电桩建设，投资大幅上升至109万元。然而，该模式的收益构成更为多元,除了光伏发电自用减少的电费外,充电桩为新能源汽车充电收取的费用成为重要收入来源。通过详细的财务模型测算,光伏发电模式的内部收益率为6.02%,投资回收期为12.3年;"光—储—充"模式的内部收益率为6.14%,投资回收期为11.9年(表3-6)。由此可见,在投资回报方面,两种模式差距并不显著。此外,光伏"自发自用,余电上网"的经济性与"光—储—充"模式基本相当。但在充电市场可观的情况下,该加油站所处区域新能源汽车保有量增长迅速、周边充电设施稀缺时,可以试点"光—储—充"一体化投资。通过建立微电网系统,利用先进的能源控制系统,对光伏发电、储能充放电以及充电桩用电进行精准的参数设置,能够充分发挥"光—储—充"一体化经济优势,实现能源的高效利用与成本的有效控制,为加油站向综合能源服务站转型提供有力支撑。

表3-6 典型加油站"光—储—充"模式测算主要经济评价数据和指标汇总表

	项目	光伏"自发自用,余电上网"	"光—储—充"模式
基本数据	规模	49.5千瓦	50千瓦/100千瓦时
	总投资/万元	22.30	109
	年均收入/万元	2.27	9.13
	年均总成本费用/万元	1.71	5.49
	年均利润总额/万元	0.54	3.59
经济评价指标	内部收益率/%	6.02	6.14
	投资回收期/年	12.3	11.9

第三节 充电业务

一、政策背景

1. 中央和地方政府相继出台多项政策

中央和地方财政对充换电等基础设施建设和配套运营服务给予支持,各地方政府加速落实中央政策文件要求。在中央政策层面,2020年2月发布的《关于促进消费扩容提质加快形成强大国内市场的实施意见》拉开了这一系列政策的序幕；2022年1月出台《关于进一步提升电动汽车充电基础设施服务保障能力的实施意见》，2022年8月印发《加快推进公路沿线充电基础设施建设行动方案》，2023年5月发布《关于加快推进充电基础设施建设　更好支持新能源汽车下乡和乡村振兴的实施意见》，2023年6月发布《国务院办公厅关于进一步构建高质量充电基础设施体系的指导意见》，目标明确为建设形成城市面状、公路线状、乡村点状布局的充电网络。

地方政策同样全面且细致，规划类政策如上海市在2022年2月发布《关于本市进一步推动充换电基础设施建设的实施意见》，河北省于2022年4月出台《河北省发展和改革委员会关于加快提升充电基础设施服务保障能力的实施意见》；管理类政策有河北省2022年1月发布的《关于加快接入新能源汽车充电基础设施综合服务平台的通知》，江苏省2022年3月发布的《江苏省新能源汽车充（换）电设施建设运营管理办法》；补贴类政策涵盖北京市2021年8月出台的《北京市电动汽车社会公用充换电设施运营补助暂行办法》，以及广西壮族自治区2022年1月印发的《广西壮族自治区发展和改革委员会等4部门关于印发广西壮族自治区新能源汽车推广应用三年行动财政补贴实施细则的通知》。这些政策层层递进、相辅相成，全方位助力充电基础设施建设迈向新台阶。

2. 国家进一步加强顶层设计，把充电桩定位"新基建"来助力产业高质量发展

《新能源汽车产业发展规划（2021—2035年）》中提出完善基础设施体系，通过加快充换电基础设施建设、提升充电基础设施服务水平、鼓励商业模式创新等大力推动充换电网络建设，着重从优化充电流程、提高设备可靠性、增强运维管理能力等方面入手，致力于为用户打造高效、稳定、舒适的充电体验。

2023年6月发布的《关于进一步构建高质量充电基础设施体系的指导意见》，进一步明确了长远目标，提出到2030年要建成建设形成城市面状、公路线状、乡村点状布局的充电网络，推动新能源汽车在乡村地区的普及，助力乡村振兴战略与绿色出行理念在广大农村地区落地生根。

新型基础设施建设七大领域如图3-27所示。

二、充电为主、换电为辅，是市场选择的结果

目前，国内电动汽车补能体系呈现出以充电为主、换电为辅的格局，这一模式是在综合考量多种因素后市场自主选择的结果。不同的应用场景对补能效率、成本以及便捷性有着不同的要求，从而促使了多样化补能技术路线的形成。

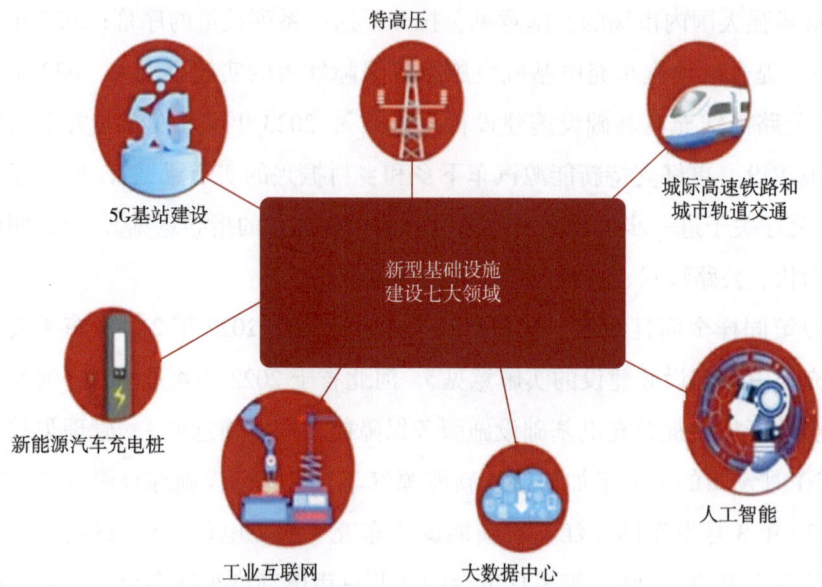

图 3-27 新型基础设施建设七大领域

在居民区，由于居民夜间停车时间长，对充电速度要求相对不高，且交流慢充对电网冲击较小，安装成本较低，因此交流慢充成为主流选择。多数新建小区在规划时就预留了交流慢充接口，方便居民下班后夜间充电，既满足车辆日常使用需求，又能充分利用低谷电价，降低充电成本。在企事业单位办公区，同样存在车辆长时间停放的情况，交流慢充也能较好地适配，员工在上班期间可利用工作时间缓慢充电，不影响正常工作与出行安排。

在充电站等公共补电区域，为满足不同用户快速补能需求，交流或直流快充占据主导。直流快充功率大，能够在短时间内为车辆补充大量电量，适用于长途出行中途应急充电、出租车和网约车等高运营强度车辆的快速补能。而交流快充则相对功率较低，适用于对充电速度要求稍低、周边用电环境限制较大的公共区域，为周边居民及过往车辆提供相对便捷的补能服务。

此外，随着科技发展，大功率充电、无线充电和即插即充等新兴技术也在逐步尝试应用。大功率充电技术能够进一步缩短充电时间，提升补能效率，部分试点地区已开始建设大功率快充站，探索其在实际运营中的可行性。无线充电技术则为用户带来更加便捷的充电体验，车辆只需停放在特定区域即可自动充电，无须插拔充电线，目前在一些高端车型及特定场所（如酒店、商场的专属停车位）有所应用。即插即充技术通过车辆与充电设备的信息交互，实现自动识别、自动充电与扣费，简化充电流程，提升用户体验，该技术也在逐步推广。

三、充电桩发展速度较快,公共充电桩占比和车桩比仍有下降空间

1. 充电桩发展速度快

2023 年,全国充电桩保有量大幅增长,车桩比下降到 2.37,公共充电桩占比 31.7%。2024 年车桩比约 2.45,公共充电桩占比下降到 27.9%(图 3-28)。但从行业发展需求来看,车桩比和公共充电桩占比仍有下降空间。工业和信息化部(简称工信部)制定规划目标,期望在 2025 年实现车桩比 2∶1,到 2030 年实现车桩比 1∶1。然而,考虑到新能源汽车保有量的快速增长以及充电桩建设面临的土地、资金、电网承载能力等多方面挑战,2030 年实现车桩比 1∶1 的目标大概率难以达成。

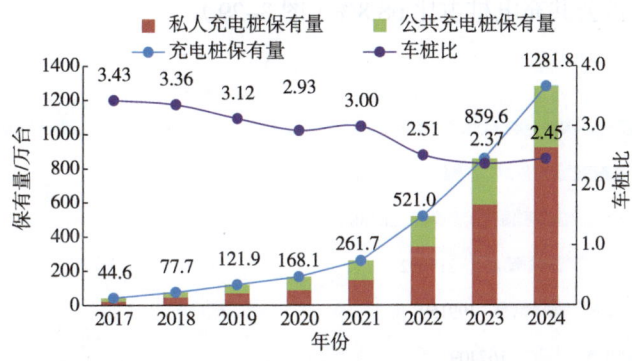

图 3-28 2017—2024 年国内充电桩规模和车桩比变化趋势

电池技术和充电技术的进步对充电桩需求规模、公私结构以及公共充电桩使用率有着显著影响。随着电池能量密度提升、续航里程增加,消费者对充电桩数量的需求结构会发生变化,公共充电桩在满足应急和公共区域补能需求的同时,私人充电桩的重要性也日益凸显。更高效率的充电技术(如快充技术)的普及,也会影响公共充电桩的使用频率和时长,进而影响其布局和运营模式。初步预计 2030 年国内充电桩规模将超过 4000 万台,公共充电桩占比下降到 20% 左右。

从过去几年数据来看,车桩比整体呈下降趋势,反映出充电桩建设速度超过新能源汽车增长步伐(表 3-7)。未来,随着政策持续推动、企业加大投入以及技术进步,带动建设成本降低,车桩比有望进一步优化,以更好地满足新能源汽车用户的充电需求。

表 3-7 国内车桩比发展趋势

时间	充电桩保有量/万台	公共充电桩占比/%	车桩比	车公共充电桩比
2021 年	261.7	43.8	2.99	6.84
2022 年	521.0	34.5	2.51	7.29

续表

时间	充电桩保有量/万台	公共充电桩占比/%	车桩比	车公共充电桩比
2023年	859.6	31.7	2.37	7.49
2024年上半年	1024.4	30.5	2.41	7.92
2024年	1281.8	27.9	2.45	8.77

2. 充电桩区域分布和运营商均相对集中

从公共充电桩的分布来看，呈现出明显的区域集中特点，主要分布在以北京、上海、广东为代表的经济发达省份。这些地区新能源汽车保有量大、消费能力强，对公共充电设施需求旺盛，且当地政府在政策支持、基础设施建设规划等方面力度较大。数据显示，前十名的省份公共充电桩占比68.8%（图3-29）。

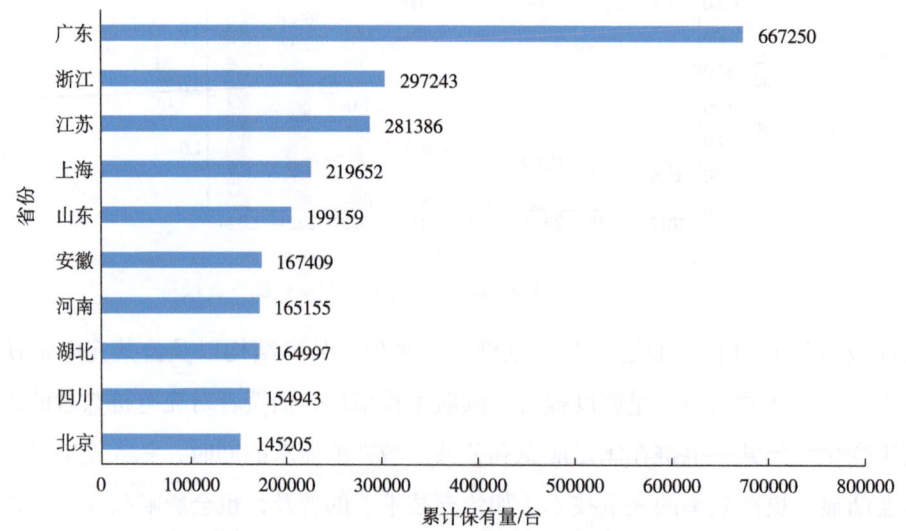

图3-29　2024年公共充电桩累计保有量前十名省市

从充电运营商角度来看，行业集中度较高。2024年，运营充电桩超过1万台的共有25家，其中特来电、星星充电、云快充优势显著，占据全国56.8%以上的充电桩市场份额，如图3-30所示。特来电凭借早期布局和技术积累，在全国范围内构建了广泛的充电网络；星星充电注重技术研发与服务创新，通过数字化运营提升用户体验；云快充则以灵活的合作模式，快速拓展市场。值得注意的是，国家电网作为传统电力巨头，也在积极调整战略，从线下实体建设逐步向线上数字化运营转型，通过整合资源、搭建平台，提升自身在充电市场的竞争力。

第三章 新能源汽车和补能设施发展现状及趋势

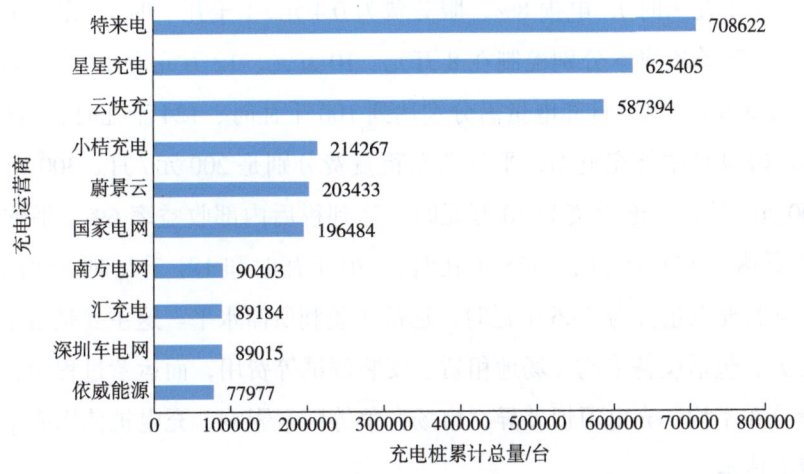

图 3-30　2024 年充电桩累计总量前十名的运营商

3. 不同省份车桩匹配差异化明显，但差距正在逐渐缩小

北京车桩比最低，为 1.96，这得益于当地新能源汽车推广政策的有效实施以及相对合理的充电桩建设规划，使得充电桩数量能够较好地满足当地新能源汽车保有量需求。而广西车桩比最高，为 3.30，可能由于当地新能源汽车发展速度较快，充电桩建设在前期未能及时跟上，导致车桩比例失衡。但从发展趋势来看，各省份车桩比差距正在逐渐缩小。2021 年车桩比范围为 1.99~9.57，2022 年缩小至 1.68~4.34，2023 年进一步缩小到 1.84~3.55，2024 年 1.96~3.30（图 3-31）。

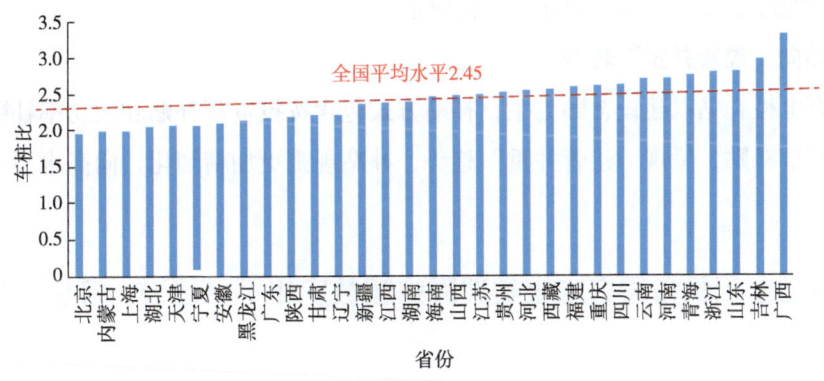

图 3-31　2024 年不同省份车桩比发展现状

四、运营商多处于战略性或政策性亏损状态

目前，充电运营商多处于战略性或政策性亏损状态。除市区站外，多数充电桩站点不具备自投资经济性。以常见的运营成本结构分析，在不计土地成本的情况下，若电

费为 0.78 元 /（千瓦·时）、电损 8%、服务费为 0.4 元 /（千瓦·时），充电枪使用寿命 10 年，当 60 千瓦单枪成本分别控制在 8 万元、10 万元、12 万元和 14 万元时，要达到税后内部收益率 6%，单枪日充电量需分别达到 100 千瓦时、124 千瓦时、148 千瓦时和 172 千瓦时。假设是站外充电站，平均单车租赁费分别是 200 元 / 月、300 元 / 月、400 元 / 月、500 元 / 月，单枪投资为 10 万元时，达到税后内部收益率 6%，平均单枪日充电量分别需要达到 147 千瓦时、158 千瓦时、170 千瓦时和 181 千瓦时。然而，国内公共充电桩平均日充电量仅为 73.6 千瓦时，远低于盈利所需水平。这主要是由于充电桩建设初期投资大，包括设备采购、场地租赁、安装调试等费用，而运营过程中，受新能源汽车保有量分布不均、充电习惯差异、市场竞争等因素影响，充电桩使用率不高，导致收入难以覆盖成本。

五、充电基础设施建设和运营补贴

1. 建设和运营补贴

多数省份对充电基础设施给予建设和运营补贴，旨在鼓励企业加大投入，加快充电桩建设，完善充电网络。然而，补贴到位普遍滞后。以 2023 年对 2018—2020 年的清算结果为例，有 20 个省份获得了充电基础设施建设奖励资金，共计 22.1 亿元，但从申请到资金到位，经历了较长时间，这在一定程度上影响了企业的资金周转和建设积极性。补贴政策在实施过程中，还存在补贴标准不统一、审核流程烦琐等问题，部分企业为获取补贴，需要准备大量材料，增加了运营成本。

2. 补贴向"建管并重"转变

初期充电桩补贴以建设补贴为主，补贴方式包含按投资额补贴和按功率补贴，逐渐重视运营环节补贴，呈现"建管并重"趋势，补贴规则更加精细化，向高水平充电场站倾斜。

六、运营企业积极布局充电桩物理网络和数字化平台建设，打造平台经济、数字经济

1. 特来电：一手抓充电桩网络建设，一手抓线上网络建设

特来电宣布"十四五"前三年在海南投资 30 亿元，布局 3 万~5 万个公共充电基础设施网络。充电网建设方面，把区域的多台车的充电链接成局域物理网络，形成实时在线交互的生态物联网、工业互联网。通过这种方式，实现对充电设备的智能化管理与高效调度，不仅提升充电效率，还能为用户提供个性化充电服务。

2. 星星充电：注重数字能源建设，筹备上市

星星充电是万帮数字能源股份有限公司的品牌名，星星充电计划投入 30 亿元赋能数字化充电新基建，构建移动能源网络基础设施。在数字化建设方面，星星充电运用大数据、云计算等先进技术，对充电设备进行智能化升级，实现远程监控、故障预警、智能运维等功能，极大提高设备可靠性与运营效率。2020 年 10 月，星星充电官宣万帮数字能源筹备上市。

3. 国家电网：2020 年发布最新战略

计划 2020—2025 年"基本建成"、2026—2035 年"全面建成"具有中国特色、国际领先的能源互联网企业。国家电网将聚焦特高压、充电桩、数字新基建等领域，在充电桩建设方面，国家电网凭借自身强大的资源整合能力与技术实力，在全国范围内大力布局，尤其是在高速公路服务区、城市公共停车场等关键区域建设大量快充设施。

七、全国充电业务发展趋势

1. 全国充电设施规划

根据《新能源汽车产业发展规划（2021—2035 年）》，积极推广智能有序慢充为主、应急快充为辅的居民区充电服务模式，加快形成适度超前、快充为主、慢充为辅的高速公路和城乡公共充电网络。在高速公路，每隔一定距离设置快充站，保障长途出行；在城乡公共区域，根据人流、车流分布，合理搭配快充与慢充设施。

根据《节能与新能源汽车技术路线图 2.0》，2025 年建成慢充桩端口达 1300 万端以上（含自有桩和公共桩），公共快充端口约 80 万端。规模和结构均已不符合现实情况。如今，各地在政策推动下，加快充电设施建设速度，提升建设规模，对快充与慢充端口的布局也在根据实际使用情况进行动态优化调整，以满足不断增长的新能源汽车充电需求。

2. 充电技术和电池技术进步将影响汽车电动化进程和充电桩规模

1）桩端：充电技术多元化

大功率充电技术能够大幅缩短充电时间，提升充电效率，成为解决新能源汽车长途出行充电焦虑的关键技术之一，小功率直流充电技术则适用于一些对充电速度要求相对较低、用电环境较为复杂的场所。V2G（Vehicle-to-Grid）技术实现了车辆与电网之间的双向能量流动，当电网负荷较高时起到削峰填谷的作用；而在电网负荷较低时，车辆则可进行充电。无线充电技术为用户带来了更加便捷的充电体验，车辆只需停放在特定区域即可自动充电，无须插拔充电线，目前在一些高端车型及特定场所（如酒店、商场的专属停车位）已有应用，随着技术的不断成熟，其应用范围有望进一步扩大（图 3-32）。

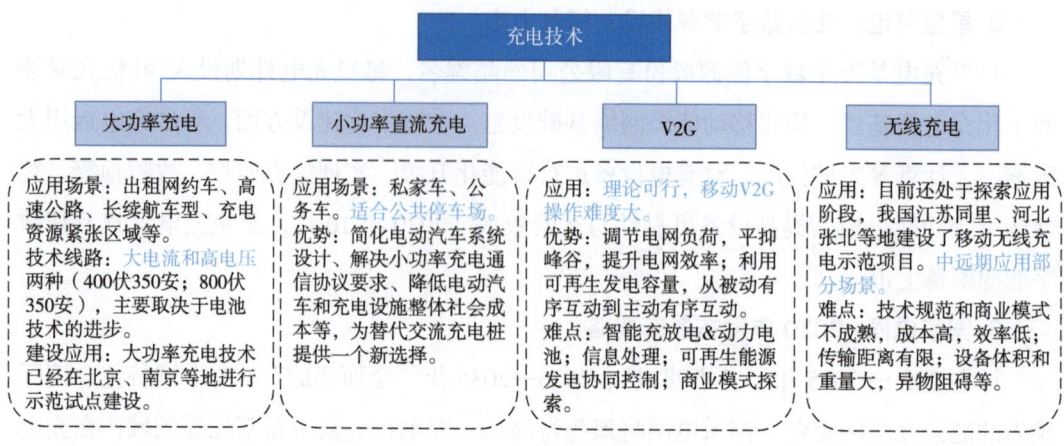

图 3-32　充电技术特点及应用场景

2）电池端：技术取得突破

2024 年，4C 电池实现量产，预计到 2026 年，6C 电池将实现量产，届时新能源汽车的续航里程有望达到 2000 千米，并且能够在 10~15 分钟内充至 80% 电量。这一突破将彻底改变消费者对新能源汽车续航和充电的认知，极大地提升新能源汽车的市场竞争力。

3）车端：车企规划所有车型均兼具交流慢充和直流快充功能

交流充电中短期功率水平保持不变，以满足居民区、办公区等场所的日常充电需求；小功率直流充电逐渐尝试，对于大功率直流快充，车企则规划储备大电流和高电压两条技术路线。大电流快充技术能够在现有电压平台下提高充电功率，而高电压快充技术则通过提升电压来实现快速充电，这两条技术路线各有优势。

第四节　换电业务

一、换电适用于 B 端并向 C 端车发展

换电和充电都是电动汽车的补能方式，充电模式在用户习惯和喜好、建设难度和成本、应用广泛程度、兼容性、使用成本竞争力、技术发展方向等方面具备优势；换电模式则在补能方便快捷、对电力系统的影响、电容利用率、运营效率等方面具备一定优

势。从目前发展状况来看，换电模式还是更适合固定路线、固定运营范围等特定应用场景下的 B 端车，在城市公共交通领域，公交车辆每日沿着既定的线路行驶，固定的站点便于设置换电站，实现快速补能，减少车辆等待时间，提高运营效率。此外，城市转运车辆、物流运输车辆以及工矿企业等固定场所内部用车，它们的行驶路线和运营范围相对固定，换电模式可以很好地满足其快速补能的需求，保障物流和生产的顺畅进行。值得注意的是，在近年来的发展进程中，换电模式也开始逐渐向私人乘用车等 C 端车方向拓展，一些高端电动汽车品牌推出了支持换电的车型，以满足消费者对更快捷补能方式的需求。

二、国家政策层面上近年对换电模式给予了充分重视

2020 年，在全国"两会"的重要场合，换电站作为新基建的关键且重要的组成部分，首次被郑重地写入《政府工作报告》。这一举措标志着国家将换电站建设提升到了战略高度，视为推动新能源汽车产业发展、促进基础设施升级的重要环节。

2020 年 4 月，《关于完善新能源汽车推广应用财政补贴政策的通知》中，明确且清晰地指出"新能源乘用车补贴前售价须在 30 万元以下（含 30 万元），换电模式车辆除外"。这一特殊政策为换电模式车辆提供了独特的发展优势，使得一些高端换电车型能够在补贴政策下保持竞争力，鼓励车企加大对换电技术的研发和推广力度。

2021 年《政府工作报告》将"建设充电桩"扩展为"增加充电桩、换电站等设施"，政策转向释放出了国家对换电模式更加重视的强烈信号。《新能源汽车产业发展规划（2021—2035 年）》中再次确认了换电和充电并列的地位，强调了换电模式在未来新能源汽车补能体系中的重要性，为行业内企业的发展提供了政策依据和信心支持。

换电领域首个国家标准《电动汽车换电安全要求》（GB/T 40032—2021）于 2021 年 11 月 1 日正式实施，促进了换电行业的健康发展。2021 年 10 月 28 日，工信部印发《关于启动新能源汽车换电模式应用试点工作的通知》，启动新能源汽车换电模式应用试点工作。纳入试点范围的城市共有 11 个，包含北京、南京、武汉、三亚、重庆、长春、合肥、济南 8 个综合应用类城市，宜宾、唐山、包头 3 个重卡特色类城市。综合应用类城市覆盖乘用车、商用车等多个领域；重卡特色类城市聚焦重型商用车领域。

除了国家层面的政策支持外，个别城市（以试点城市为主）也积极响应，对换电产业链给予了实实在在的补贴支持。在换电车企方面，对符合条件的车企给予研发补贴、生产补贴等，鼓励车企加大对换电技术的研发投入和产品推广。部分城市的换电补贴政策见表 3-8。

表 3-8 部分城市的换电补贴政策

城市	换电整车推广目标/辆	换电站/座	补贴政策
南京	20000	260	换电车生产企业补贴：1000 万元/新车型。 换电自卸重卡生产企业补贴：10 万元/年，连续 3 年（车辆年运营里程达 3 万千米）。 换电站用电补贴：0.15 元/（千瓦·时），连续 3 年。 换电站建设补贴：换电重卡服务补贴 750 元/千瓦（单站上限 150 万元）；出租车换电服务 500 元/千瓦（单站上限 50 万元）
重庆	10000	200	换电站建设补贴：出租车换电服务 400 元/千瓦（单站上限 50 万元）；中重卡换电服务 400 元/千瓦（单站上限 80 万元）
武汉	18000	100	投放换电出租车/网约车项目：100 辆以上的项目一次性奖励 200 万元，超过 100 辆的部分奖励 2 万元/辆。 出租车公司采购换电汽车：按 10：1 奖励新增出租车运营指标（全市新增上限 500 辆）。 换电站：补贴 15% 的设备投资额
三亚	4500	25	对投放换电车辆不低于 100 辆并实际以换电模式运营的巡游出租车项目，一次性给予项目 200 万元的奖励；对投放换电车辆不低于 50 辆并实际以换电模式运营的中重型卡车项目，一次性给予 400 万元的奖励。 换电站：补贴 15% 的设备建设投资额
宜宾（2025）	3000（重卡）	60	重卡换电站：补贴 10% 的建站投资（单站上限 500 万元）（宜宾三江新区）
唐山（2024）	2600（重卡）	60	支持换电重卡试点项目单位申请省级补贴资金；提供绿色通行便利支持，除主城区外，在重污染天气应急响应时不限行
上海	—	300	通用型换电站：补贴 30% 设备金额（上限 600 元/千瓦）。非通用换电站：补贴 15% 设备金额（上限 300 元/千瓦）。 换电站用电补贴：0.05~0.25 元/（千瓦·时）[上限 2000 千瓦·时/（千瓦·年）]

三、技术水平过关，建设成本、换电体验和换电能力得到改善和提高

2021 年，蔚来发布了第二代换电站，展现出了强大的技术实力和创新能力。占地面积 60 平方米，每天最多可换电 312 次，这一换电能力较第一代换电站提升超 3 倍，极大地提高了换电效率；2022 年又连续发布了蔚来三代和四代换电站，不断提升用户的换电体验。

四、换电站发展速度较快，区域分布相对集中

1. 发展速度快，形成一定规模

在政策和车企的推动下，换电站 2020 年开始快速发展，其保有量由 2020 年 1 月的 306 座提高到 2024 年的 4443 座（图 3-33）。平均单站服务车辆 194 辆（非换电次数）。这一数据反映了换电站在服务车辆数量上的能力，也表明了换电模式在市场中的逐渐普及，但利用率仍然较低。

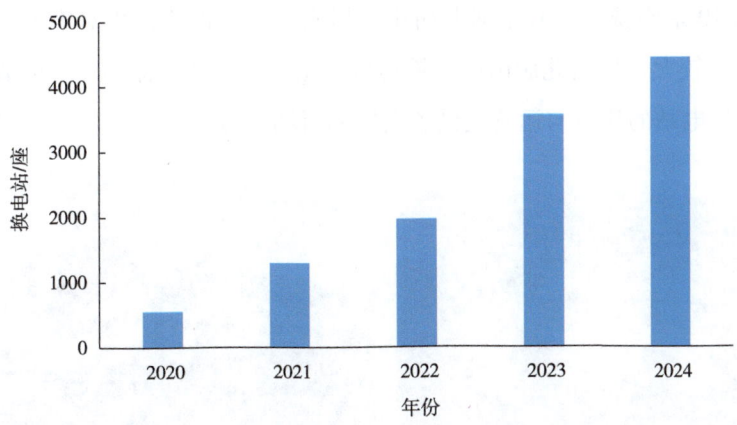

图 3-33　2020—2024 年国内换电站增长趋势

2. 区域分布相对集中

排名前十的省份换电站占比 68%；广东最多，531 座，显示出广东省在新能源汽车换电领域的积极推进和良好发展态势（图 3-34）。紧随其后的是浙江、江苏和北京等经济发达地区，这些地区新能源汽车保有量较高，对补能设施的需求较大，同时也具备较好的经济实力和基础设施条件来支持换电站的建设与运营。

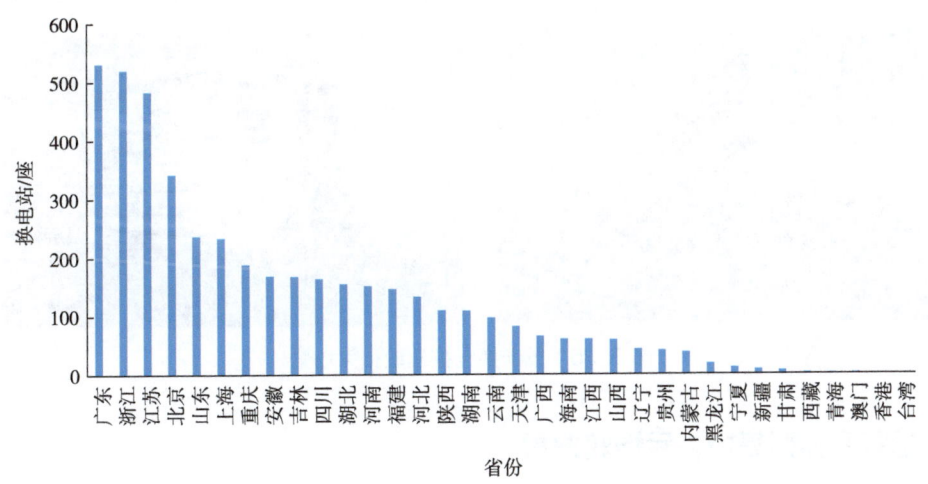

图 3-34　2024 年国内换电站数量省份排名

3. 重卡换电站初具规模，应用场景从点拓展到支干线形成网络

重卡换电广泛应用于"高频""重载""短倒"等特定场景（图 3-35），在中短距离干线运输中成效明显。通过换电模式，重卡能够在短时间内完成补能，提高运输效率，降低运营成本。整体油电经济性在 10% 左右，这一数据表明换电模式在重卡领域具备一定的经济可行性，具备批量复制的条件。截至 2024 年底，全国已建成重卡换电站约 400

座，覆盖全国 70 余座城市，其中河北唐山、川渝、内蒙古等地相对集中。这些地区由于重卡运输需求较大，如河北唐山的钢铁运输、川渝地区的物流运输、内蒙古的煤炭运输等，为重卡换电站的建设与运营提供了良好的市场环境。

钢厂场景

城市渣土场景

电厂场景

港口场景

矿山场景

商砼场景

图 3-35　重卡换电桩建设相关场景

五、运营商相对集中，亏损较严重

1. 运营商相对集中，服务车辆、换电方式、运营模式存在差异

主要运营商，如蔚来、奥动、伯坦科技、协鑫电港、国家电投、三一重工、徐工等企业纷纷试点重卡换电站，形成了多元化的市场竞争格局。2020—2024 年，国内主要运营商换电站增长情况如图 3-36 所示。

各企业的服务对象不同，奥动和北汽合作的换电站主要服务出租车、网约车等 B 端乘用车，目前也向 C 端乘用车方向发展；蔚来换电站主要是面向消费者的 C 端乘用车，伯坦科技主要服务商用 B 端车，专注于为物流运输、城市配送等商业领域的车辆提供换电解决方案。

各企业的换电方式不同，奥动和蔚来侧重于乘用车底盘换电，伯坦科技侧重于客车侧方换电或分箱换电，重卡多采用顶部换电。这是因为重卡的车身较高，顶部换电可以更方便地进行电池的吊装和更换，同时也能减少对车辆底部空间的占用。

各企业的运营模式不同，资金充裕的生产企业（如蔚来）通过自主研发换电技术、自营换电站的方式，实现对换电业务的全面掌控；资金不充裕的生产企业倾向于选择与成熟的换电技术服务商合作，如北汽新能源选择与奥动新能源合作开展换电业务，可以充分利用双方的优势资源。

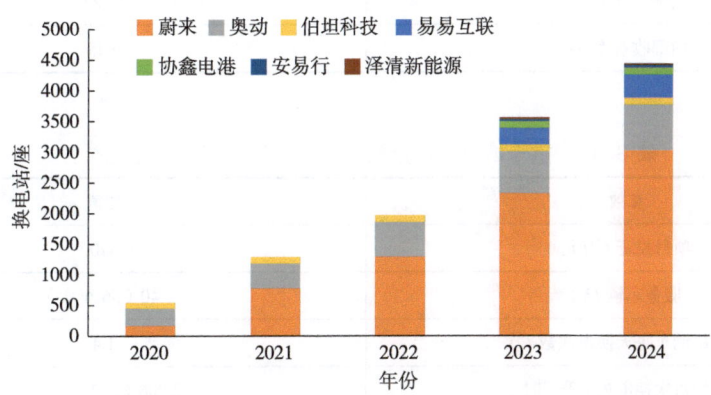

图 3-36　2020—2024 年国内主要运营商换电站增长情况

2. 运营企业正承受着"战略性"亏损

首先，换电站的固定投资较大，包括土地购置、设备采购、建设施工等方面的成本，这对于企业来说是一笔巨大的资金投入。其次，由于目前换电模式的市场普及程度还不够高，站点利用率相对较低，导致企业收入无法覆盖成本。此外，人工成本也是难以避免的一项支出，换电站的运营需要专业的技术人员和服务人员，进一步加重了企业的负担。因此，目前多数运营企业处于亏损状态，但从长远来看，随着市场的发展和规模效应的显现，换电模式有望实现盈利。乘用车和重卡换电站投资效益测算分别见表 3-9 和表 3-10。

表 3-9　乘用车换电站投资效益测算（站内不计土地成本）

参数	数值
项目投资 / 万元	350
平均每天换电次数 / 次	94

续表

参数	数值
平均每次换电量 / 千瓦时	52.5（75×70%）
换电服务费 /［元 /（千瓦·时）］	0.5
换电年收入 / 万元	86.36 （94×75×70%×350×0.5/10000）
电池租赁成本 / 万元	28.43
费用 / 万元	43.41
税金及附加 / 万元	0.90
利润总额 / 万元	13.63
净利润 / 万元	10.22
内部收益率 /%	6.35

表 3-10　重卡换电站投资效益测算（站内不计土地成本）

参数	数值
项目投资 / 万元	870
服务车辆 / 辆	40（56 车次）
平均每辆车每天换电次数 / 次	1.4
平均每次换电量 / 千瓦时	225.6（282×80%）
换电服务费 /［元 /（千瓦·时）］	0.5
换电年收入 / 万元	189.5 （40×1.4×225.6×300×0.5/10000）
电池租赁成本 / 万元	67
费用 / 万元	85.43
税金及附加 / 万元	1.91
利润总额 / 万元	37.07
净利润 / 万元	27.81
内部收益率 /%	6.20

六、龙头企业联手大型国企积极布局换电站网络建设

1. 蔚来

蔚来在换电站建设领域有着宏伟且明晰的规划，其制定的 2025 年国内市场换电站目标为 3000 座。回顾建设历程，截至 2023 年底，蔚来已成功建成 2333 座换电站。早

在2021年7月9日，蔚来便发布了极具前瞻性的2025换电站布局计划。在这一计划中，2021年换电站建成目标总数从最初规划大幅提升至700座。2022—2025年，蔚来计划在中国市场每年新增600座换电站。按照规划，到2025年底，蔚来换电站全球总数将超过4000座，其中海外市场换电站预计约1000座。这一全球性布局战略，彰显了蔚来在换电领域引领行业发展、开拓国际市场的决心与魄力。

2. 奥动

奥动同样在换电站建设方面雄心勃勃。截至2023年底，其已建成685座换电站。根据奥动最新的发展规划，2025年规划运营5000座换电站，预计覆盖全国100座城市，服务200万辆车。2021年7月，中国石化与奥动的合作取得实质性进展，双方合作的换电站在上海和重庆同时落地。这一合作意义重大，未来双方还计划在中国石化拥有的30000余座加油站网点中精心选点布局换电站。借助中国石化庞大的加油站网络资源，奥动有望实现换电站的快速规模化布局，极大提升换电服务的覆盖范围和便利性。

3. 伯坦科技、国家电网、国家电投

伯坦科技规划在2025年换电站数量达到2000座以上，预期能够为50万辆车提供服务。与此同时，国家电投、南方电网等能源巨头也积极投身商用车换电领域，尤其是针对重卡换电等特定场景制定了详细的解决方案。其中，国家电网规划建设商用车换电站240座，出租车换电站500座；国家电投则规划建成换电站4000座。这些企业的积极参与，充分表明换电模式在商用车领域的巨大潜力和广阔发展前景，将有力推动商用车领域的能源补给方式变革，促进绿色物流和公共交通的可持续发展。

七、总体趋势和发展规模

1. 总体趋势

未来国内电动车及补能市场应该是车端充换两用、补能端充换两个体系并存。从日常使用角度来看，充电方式因其普遍性、兼容性以及成本优势，将成为大多数用户的首选。充电桩的广泛布局使得电动车在城市、城际以及乡村等各个区域，都能相对便捷地找到充电设施，为车辆提供稳定的能源补给。

而在紧急情况时，换电方式则展现出其独特的价值。当用户面临长途旅行中途电量不足，或亟须在短时间内恢复车辆续航时，换电的高效性便得以体现。这种方式极大地节省了时间成本，有效解决了用户在紧急情况下的续航焦虑。日常使用采取充电方式，紧急情况采用换电方式，无论何种使用场景下都能够找到合适的补电方式。

2. 发展规模

换电行业对于2025年换电方式在公共场所补电市场中的占比做出了预测，保守估计10%，乐观情况下可达30%。然而，从实际发展情况来看，目前换电车辆占比仅为2.6%，与预期存在较大差距。换电站的发展在很大程度上由换电车企推动，综合蔚来、奥动等主要换电企业的规划，预计2025年国内换电站规划数量将达到20000座左右。但考虑到电池技术的不断进步，如电池能量密度提升使得车辆续航里程增加，用户对换电的依赖程度可能降低；以及充电技术的革新，如快充技术的发展使充电时间大幅缩短，这些因素都对换电站的发展产生影响。基于此，预计2025年换电站实际发展规模不超过6000座。

3. 技术水平发展趋势

1）集约化、模块化

2022年奥动4.0换电站占地约150平方米，约12个停车位面积，2023年量产的奥动5.0换电站占地面积减小到60平方米，实现了土地资源的更高效利用。通过模块化设计，换电站能够根据加油站转型的实际深度，灵活增加仓位。在加油站场地有限的情况下，可以先安装基础模块，随着业务发展和需求增长，再逐步添加额外模块，提高空间利用效率，为换电站在各类场地，尤其是空间受限区域的广泛布局创造了有利条件。

2）快捷化、人性化

随着换电站的不断更新换代和创新发展，在换电能力、换电效率以及换电体验等方面均将得到显著改善和提高。未来的换电站将广泛采用更为先进的自动化技术和智能控制系统。在自动化技术方面，机械臂等设备能够精准、快速地抓取和更换电池，减少人工操作环节，提高换电过程的准确性和稳定性。智能控制系统则可以实时监测电池状态、车辆信息以及换电流程，实现电池的快速更换和精准对接。通过优化换电流程，将换电时间进一步缩短，为用户提供更加高效、便捷的服务体验。

3）换电产业链有可能迎来变革

为应对分散增容困难和换电站占地面积大的问题，可以考虑在大块闲置用地、废弃油库等建设电池仓，采用"统一增容、集中充电、移动配送、专门换电"的方式来解决（类似油库—加油站的配送运营模式），但以目前的换电站利用率和电池能量密度，电池配送运营模式尚不具备经济性。另外，可控核聚变技术的发展也值得关注，如果可控核聚变技术取得突破，将为新能源汽车行业带来革命性的变化，可能会对换电模式产生深远的影响。

第五节 加氢业务

一、概述

1. 氢能是世界能源转型的主要方向

氢能具有来源广泛、能量密度高、清洁无污染、储运方式多样、使用方式多样等特点。最重要的是,氢能具有可循环再生的特性。通过可再生能源电解水制氢,所产生的氢气在使用后又能转化为水,水又可再次用于制氢,形成一个近乎完美的闭环能源循环体系,极大地契合了可持续发展的理念。此外,其储运方式多样,包括高压气态储氢、低温液态储氢、金属氢化物储氢等;使用方式也丰富多样,既可以通过燃料电池将化学能直接转化为电能,用于驱动车辆、发电等,也可作为燃料直接燃烧用于供热等领域,这为其广泛应用提供了广阔的空间和灵活性。车用氢能利用产业链如图3-37所示。

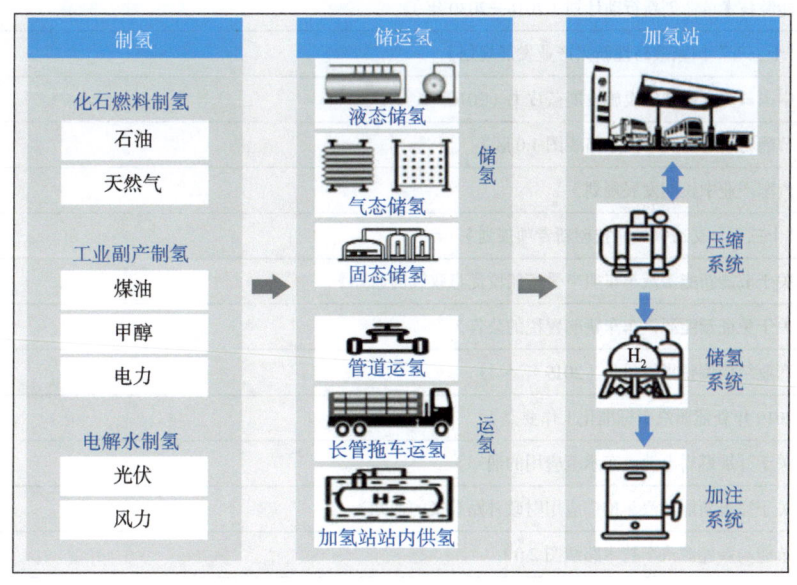

图 3-37 车用氢能利用产业链示意图

氢能是世界能源转型的主要方向。根据国际氢能委员会预测，到2050年，氢能将占全球能源消费的18%，每年减少60亿吨二氧化碳排放，氢能经济规模可达2.5万亿美元。

氢能是我国能源结构调整和转型升级的重要途径之一。据中国工程院最新预测，2060年我国氢气需求量将超过1.3亿吨，氢能占终端能源消费比重将达到20%，其中绿氢占比将超过80%，将有效助力全球碳减排目标的实现。庞大的经济规模将催生出一系列新兴产业，创造大量的就业机会，推动全球经济的绿色转型与升级。

2. 国内政策大力支持，地方政府积极规划示范

在国家层面，国内政策对氢能产业给予了大力支持，且呈现出越早建设支持力度越大的态势。政府出台了一系列涵盖财政补贴、税收优惠、产业规划等方面的政策措施（表3-11）。在财政补贴上，对于早期投资建设氢能相关基础设施（如加氢站）以及开展关键技术研发的企业，给予高额的资金补贴，以降低企业的前期投入成本，鼓励企业积极投身氢能产业发展。在税收优惠方面，对从事氢能生产、运输、储存以及应用的企业，减免相关税费，提高企业的盈利能力和市场竞争力。通过制定详细的产业规划，明确了氢能产业在不同阶段的发展目标和重点任务，为产业的有序发展提供了清晰的指引。

表3-11 国家层面氢能相关政策

时间	政策名称
2015年	《交通运输部关于加快推进新能源汽车在交通运输行业推广应用的实施意见》
2016年	《能源技术革命创新行动计划（2016—2030年）》
2016年	《"十三五"国家战略性新兴产业发展规划》
2016年	《中国氢能产业基础设施发展蓝皮书（2016）》
2016年	《节能与新能源汽车技术路线图1.0版》
2017年	《汽车产业中长期发展规划》
2017年	《"十三五"交通领域科技创新专项规划》
2018年	《关于节能新能源汽车车船享受车船税优惠政策的通知》
2017年	《关于免征新能源汽车车辆购置税的公告》
2019年	《产业结构调整指导目录（2019年本）》
2019年	《2019年新能源汽车标准化工作要点》
2020年	《关于开展燃料电池汽车示范应用的通知》
2020年	《关于完善新能源汽车推广应用财政补贴政策的通知》
2020年	《节能与新能源汽车技术路线图2.0》
2020年	《新能源汽车产业发展规划（2021—2035年）》

续表

时间	政策名称
2021 年	《关于启动燃料电池汽车示范应用工作的通知》
2022 年	《氢能产业发展中长期规划（2021—2035 年）》
2023 年	《氢能产业标准体系建设指南（2023 版）》

在地方政府层面，各地积极响应国家政策，纷纷结合自身资源优势和产业基础，制定氢能产业示范规划（表 3-12）。部分地区凭借丰富的可再生能源资源，如风电、光伏资源富集的地区，规划建设大规模的绿氢生产示范基地，探索可再生能源制氢与储能、应用一体化的发展模式。而一些工业基础雄厚、汽车产业发达的地区，则侧重于发展氢燃料电池汽车示范应用，建设加氢站网络，推动氢燃料电池汽车在公共交通、物流运输等领域的推广应用。同时，产业链上下游企业也积极协同合作。上游的制氢企业不断优化制氢技术，提高氢气生产效率和质量；中游的氢气储运企业加大研发投入，改进储运技术，降低储运成本；下游的应用企业加快产品研发和市场开拓，共同推动氢能产业的快速发展。

表 3-12 部分省份氢能相关政策

省份	氢能规划文件名称
辽宁	《辽宁省氢能产业发展规划（2021—2025 年）》 《大连市加快培育氢能产业发展的指导意见》
河北	《河北省推进氢能产业发展实施意见》 《河北省氢能产业链集群化发展三年行动计划（2020—2022 年）》 《河北省氢能产业发展"十四五"规划》
江苏	《江苏省氢燃料电池汽车产业发展行动规划》
浙江	《浙江省加快培育氢能产业发展的指导意见》 《浙江省加快培育氢燃料电池汽车产业发展实施方案》
河南	《河南省氢燃料电池汽车产业发展行动方案》 《河南省加快新能源汽车产业发展实施方案》
宁夏	《自治区人民政府办公厅关于加快培育氢能产业发展的指导意见》
山东	《山东省氢能产业中长期发展规划（2020—2030 年）》
广东	《广东省培育新能源战略性新兴产业集群行动计划（2021—2025）》 《广东省加快建设燃料电池汽车示范城市群行动计划（2021—2025 年）》
四川	《四川省氢能产业发展规划（2021—2025 年）》 《四川省氢能产业中长期发展规划（2025—2035 年）》
黑龙江	《黑龙江省新能源汽车产业发展规划（2022—2025 年）》征求意见稿
内蒙古	《内蒙古自治区"十四五"氢能发展规划》

3. 5个示范城市群相继获批，力争打通产业链率先发展

2021年8月，第一批氢燃料电池汽车示范城市群名单正式公布，京津冀、上海、广东位列其中。这几个地区在市场规模、资源储备以及技术研发等方面均具备显著优势。同年12月，第二批示范城市群名单落地，河南和河北成功获批。

截至2021年底，已有5个示范大城市群，共计41座城市纳入国家燃料电池汽车示范范畴。这些示范城市群均采用市场、资源与技术紧密联合的发展模式，力求打通产业链上下游，实现率先发展。值得一提的是，淄博在这一格局中独具特色，其拥有国产质子交换膜技术，这一核心技术优势使其成为唯一横跨几个示范城市群的城市，在燃料电池汽车产业发展中发挥着独特的纽带作用。5个示范城市群氢燃料电池汽车推广目标8.98万辆，加氢站建设目标超过822座，带动全国范围内氢燃料电池汽车产业快速发展。

二、加氢站建设

1. 加氢站处于产业导入期，以35兆帕气态纯加氢站为主

截至2024年底，国内加氢站建设已取得显著进展，全国范围内共建成加氢站439座，在一定程度上满足了当前氢燃料电池汽车的能源补给需求，如图3-38所示。从加氢站的类型来看，在加气压力方面，当前国内加氢站以35兆帕加气压力为主，也有少数加氢站同时具备35兆帕和70兆帕两种加注能力，以适应不同类型氢燃料电池汽车对氢气加注压力的多样化需求。在加氢站的建设模式上，以固定式为主，橇装占比下降；油氢合建和综合能源服务站占比上升，纯加氢站占比下降。

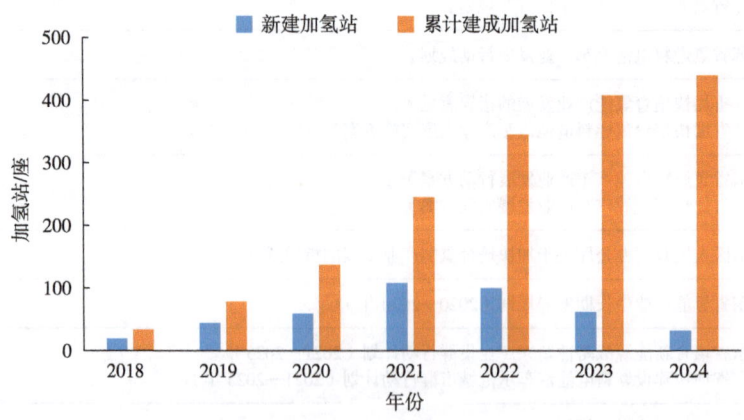

图3-38　2018—2024年国内加氢站增长情况

在加氢站分布方面，目前国内除西藏外，其他省份均有加氢站布局，其中广东加氢站数量最多，达到了69座，国内加氢站分布如图3-39所示。广东凭借其活跃的经济发展态势、积极的新能源产业政策以及雄厚的技术研发实力，在加氢站建设方面走在了全国前列，为氢燃料电池汽车在该地区的推广与应用提供了坚实的基础设施保障。

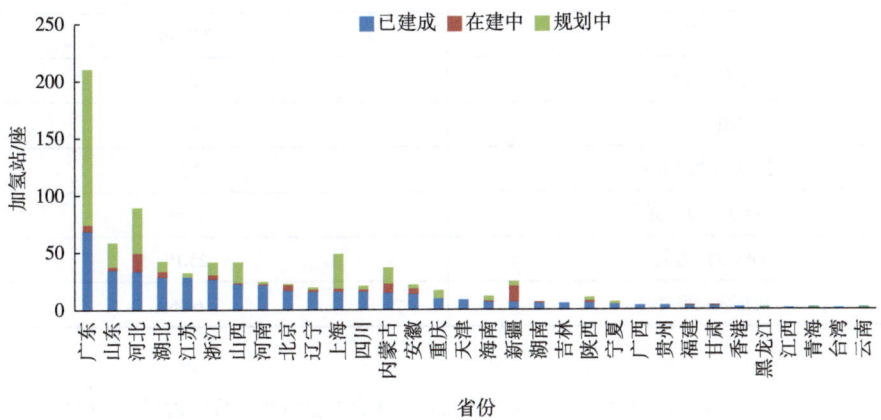

图 3-39　2024 年国内加氢站分布

2. 加氢站运营逐渐实现现金流平衡

加氢站能否实现盈利，受多方面因素综合影响。政府补贴在加氢站盈利中扮演着极为关键的角色。各地政府基于对氢能源产业的重视程度、产业发展规划以及财政状况等因素，制定了各不相同的补贴政策。再者，氢气进销差价各地相差较大。氢气的采购成本受到气源、运输距离、制取方式等多种因素影响。在销售端，氢气枪口零售价又需综合考虑当地市场需求、竞争状况以及用户承受能力等因素。在部分产业链尚不完善、氢气供应成本较高的地区，进销差价很窄，甚至可能出现倒挂现象，严重影响加氢站的盈利水平。典型加氢站投资效益测算见表 3-13。从国内主要氢能公司公开的财务数据来看，多数处于亏损状态，详见表 3-14。

表 3-13　加氢站投资效益测算示例（站内不计土地成本）

参数	数值
项目投资 / 万元	1350
氢气枪口零售价 /（元 / 千克）	35
政府补贴价 /（元 / 千克）	10
氢气采购进站单价 /（元 / 千克）	32
加氢站负荷 /%	32.0
氢气日加注量 / 千克	320
日加注公交车数量 / 辆	12
日加注重卡数量 / 辆	6

续表

参数	数值
收入 / 万元	504.00
成本 / 万元	358.40
毛利 / 万元	145.60
费用 / 万元	109.74
税金及附加 / 万元	2.27
利润总额 / 万元	33.59
净利润 / 万元	25.19
内部收益率 /%	6.06

表3-14　8家氢能首次公开募股（IPO）公司财务分析数据　　单位：万元

年份		2019	2020	2021	2022
亿华通	营业收入	—	57229	62937	73812
	净利润	—	-3257	-20094	-19473
捷氢科技	营业收入	11231	24692	58713	74848
	净利润	-3488	-9339	-5875	—
国鸿氢能	营业收入	—	22688	45714	—
	净利润	—	-22136	-70304	-28023
重塑股份	营业收入	69366	61269	—	—
	净利润	-27840	-27107	—	—
支臻股份	营业收入	2750	6961	22346	—
	净利润	-3359	-13089	2016	—
深圳氢雄	营业收入	—	—	4573	11490
	净利润	—	—	-21346	8484
国富氢能	营业收入	17642	25092	32964	—
	净利润	-1767	-6255	-6988	—
中鼎恒盛	营业收入	—	7034	14214	24050
	净利润	—	1718	3847	7367

3. 产业链上相关企业积极布局加氢终端

1）上海氢枫能源——设备建设运营企业代表

上海氢枫能源凭借其在工艺包上的优势，采取薄利的方式开拓南方加氢市场，在长三角氢走廊城市、广东以及湖北、山东、广西、安徽等地区均有业务铺开，其已经成为国内最重要的加氢站整体建设解决方案提供商之一。

上海氢枫能源通过在大量的实际运营经验中不断总结和优化，已经敏锐地开始往加氢站产业链的上游设备和储氢环节布局。在设备方面，加大研发投入，致力于研发更高效、更稳定的加氢设备，提升设备国产化率，降低建设成本；在储氢环节，探索新型储氢技术与材料，提高储氢效率与安全性，进一步完善自身在加氢站产业链上的布局，增强市场竞争力。

2）中国石化——能源企业代表

中国石化把氢能作为公司新能源业务的主要方向，全面推进氢能全产业链建设，已在加氢站、制氢技术、氢燃料电池、储氢材料等多个技术领域取得突破。在制氢技术上，不断研发创新，掌握多种先进制氢工艺，氢气年产能超390万吨，占全国氢气产量的11%左右，稳定的氢气供应为其在氢能源产业发展中奠定坚实基础。

战略规划上，"十四五"期间规划建设1000座加氢站，计划2021年新发展加氢站数量达到100座，努力打造中国第一氢能公司，引领国内氢能产业高质量发展，为我国能源结构转型贡献重要力量。由于国内氢燃料电池汽车市场培育较慢，实际发展速度远低于预期，截至2025年7月建成加氢站140座，中国石化加氢站的建设速度远低于原规划目标。

3）上汽新能源——车企代表

上汽新能源在重卡领域积极布局，加快推进燃料电池技术的大规模商业化应用。与鄂尔多斯携手打造现代化燃料电池重卡产业链，充分利用当地丰富的工业副产氢气资源和广阔的制氢空间，联手建设全球首个万辆级燃料电池重卡产业化应用项目。上汽新能源一方面加大燃料电池技术研发投入，提升燃料电池性能与稳定性，降低成本；另一方面优化重卡整车设计与生产工艺，提高车辆可靠性与运营效率。

三、全国加氢业务发展趋势

1. 加氢站规划规模超过1000座

根据部分省市已发布规划目标，2025年加氢站规划目标超过1000座，主要集中在京津冀、长三角、珠三角、华中等地区，北京、内蒙古、河北、浙江等部分省份"十四五"氢燃料电池汽车推广数量和配套加氢站规划详见表3-15。根据国内加氢站实际发展速度，预计2025年建成投运600座左右。

加氢站商业模式也将不断创新。在纯加氢站、油氢合建站的基础上，"油气氢电非"综合能源服务站和制氢、加氢一体化站以及"车、站、氢"协同运营等新商业模式不断涌现。

表 3-15　部分省份"十四五"氢燃料电池汽车推广数量和配套加氢站规划

省份	2025年氢燃料电池汽车推广目标／万辆	加氢站规划／座
北京	＞1	74
内蒙古	1	100
河北	1	100
浙江	0.5	50

2. 氢气向高压气态氢和液态氢方向发展，灰氢向绿氢转换，价格逐渐降低，能源类企业加快布局

1）应用车辆从商用车拓展到乘用车

2021—2030年，燃料电池汽车将以中重型燃料电池客车、物流车以及专用车作为主要的发展方向。以长安氢燃料电池乘用车为代表的乘用车则会处于小规模示范应用阶段，主要通过在特定区域开展试点运营，收集数据，验证技术在乘用车领域的可行性与适用性。到2035年，商用车在燃料电池技术成熟、配套设施完善以及成本降低等因素推动下，将实现大规模商业化应用，在市场中占据显著份额。同时，乘用车也将进入批量规模化推广阶段，随着技术的不断进步和消费者认知度的提升，逐渐走向大众市场。

2）从气态氢过渡到高压气态氢和液态氢

2025年时，加氢站的主流技术仍将是以35兆帕高压气态氢加注为主。这一技术在当前具有一定的成熟度和成本优势，能够满足现阶段燃料电池汽车的加氢需求。随着技术的进步，到2030年前后，70兆帕高压气态氢和液态氢加注技术将开始进行示范推广。70兆帕高压气态氢加注技术可以提升加氢效率，减少加氢时间，而液态氢加注技术则具有更高的能量密度，能够有效增加车辆的续航里程。早在2021年，北京和浙江就已经出现了具备液态氢加注能力的加氢站，这为后续的技术推广积累了宝贵的经验。预计到2035年前后，70兆帕高压气态氢和液态氢加注将成为加氢站的主要技术，推动燃料电池汽车产业向更高效率、更长续航的方向发展。

3）从灰氢向绿氢转换，氢气价格逐渐降低

在氢气制取方面，煤制氢由于其成本相对较低，在当前具有一定的价格竞争力。但是，煤制氢过程中会产生大量的碳排放，在全球日益重视碳减排的大背景下，其发展受到了极大的限制。天然气制氢则受制于天然气资源的禀赋，在资源匮乏地区难以大规模开展。从短期来看，工业副产氢成为解决氢气需求的一种过渡性办法。工业生产过程中产生的大量副产氢气，经过提纯处理后可以用于燃料电池汽车领域，既实现了资源的有效利用，又在一定程度上缓解了氢气供应紧张的局面。从中长期来看，可再生能源制氢，即绿氢，将是氢能源的终极解决方案。通过太阳能、风能等可再生能源电解水制氢，不仅能够实现零碳排放，而且随着技术的进步和规模化效应的显现，制氢成本将逐渐下降。通过分布式制氢、就近利用的模式，山东淄博和山西地区氢气枪口零售价已分别降至30元/千克和25元/千克。此外，当电价低至0.3元/（千瓦·时）时，电解水制氢较柴油更具竞争力和经济性。

4）能源类企业开始大规模布局加氢站

在"十四五"期间，第三方运营商与能源类企业之间的合作逐渐展开。第三方运营商凭借其在加氢站运营管理方面的专业经验，与能源类企业的资源优势相结合，共同推动加氢站的建设与运营。能源类企业在这一时期开始逐步布局加氢站，为未来的大规模发展奠定基础。2025—2030年，随着燃料电池汽车市场需求的逐渐增长以及政策的大力支持，能源类企业将开始大规模布局加氢站。

四、制氢技术发展趋势

1. 制氢技术路线

制氢技术路线经历了从工业副产氢气、煤制氢、天然气制氢到电解水制氢的逐步发展历程。

在早期，工业副产氢气凭借其独特优势成为重要的制氢途径。许多工业生产过程，如氯碱工业、焦炉煤气生产等，会产生大量的副产氢气。这些副产氢气原本多被直接排放，不仅造成资源浪费，还可能对环境产生一定影响。通过先进的提纯技术，将这些工业副产氢气进行回收处理，使其能够满足燃料电池汽车等领域的使用标准，实现了资源的循环利用，在一定程度上缓解了氢气供应短缺的问题。这一制氢方式在短期内有效地解决了氢气需求，且成本相对较低，无须大规模新建制氢设施，只需在现有工业生产基础上增加提纯设备即可。

煤制氢由于其成本相对较低，在当前具有一定的价格竞争力。但是，煤制氢过程中会产生大量的碳排放，在全球日益重视碳减排的大背景下，其发展受到了极大的限制。

天然气制氢同样是传统的制氢方式之一。其原理是利用天然气中的甲烷与水蒸气在高温催化剂作用下发生重整反应生成氢气。该技术具有工艺流程相对简单、产品氢气纯度较高等优点。然而，天然气制氢严重依赖天然气资源的供应，其发展高度受制于天然气资源的禀赋。在天然气资源匮乏的地区，天然气供应不稳定且价格高昂，导致天然气制氢成本居高不下，难以实现大规模推广应用。

随着技术的不断进步，电解水制氢逐渐崭露头角，成为未来制氢技术的主要发展方向。

2. 电解水制氢技术路线

电解水制氢技术路线主要有碱性电解水（AWE）制氢、质子交换膜（PEM）电解水制氢、高温固体氧化物电解池（SOEC）制氢、阴离子交换膜电解水（AEMWE）制氢（图 3-40）。

AWE 制氢是目前技术最为成熟，应用最为广泛的电解水制氢技术路线。PEM 电解水制氢技术处于商业化早期阶段，采用 PEM 作为电解质，具有电解效率高、动态响应速度快、产气纯度高、系统紧凑等显著优点，其电解效率可达到 60%~80%。SOEC 制氢技术和 AEMWE 制氢技术则处于从实验室向商业化发展的起步阶段。AEMWE 制氢技术采用固体聚合物阴离子交换膜作为电解质，相较于 PEM 电解水制氢技术，其具有可使用非贵金属催化剂、对杂质耐受性较好等潜在优势，但目前该技术在膜材料性能、电极与膜的兼容性等方面仍存在一些关键技术难题有待攻克，距离大规模商业化应用还有一定距离。

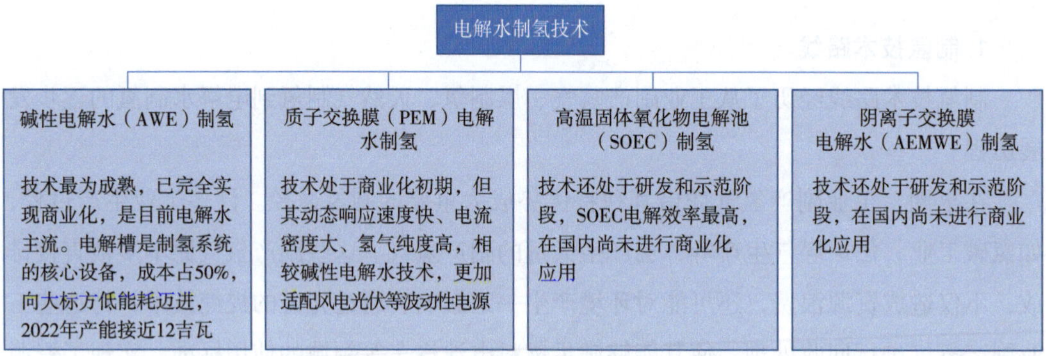

电解水制氢技术			
碱性电解水（AWE）制氢	质子交换膜（PEM）电解水制氢	高温固体氧化物电解池（SOEC）制氢	阴离子交换膜电解水（AEMWE）制氢
技术最为成熟，已完全实现商业化，是目前电解水主流。电解槽是制氢系统的核心设备，成本占50%，向大标方低能耗迈进，2022年产能接近12吉瓦	技术处于商业化初期，但其动态响应速度快、电流密度大、氢气纯度高，相较碱性电解水技术，更加适配风电光伏等波动性电源	技术还处于研发和示范阶段，SOEC电解效率最高，在国内尚未进行商业化应用	技术还处于研发和示范阶段，在国内尚未进行商业化应用

图 3-40 电解水制氢技术路线

AWE 制氢技术历经长期发展，当前其产品技术突破面临较大瓶颈，愈发趋近于技术天花板。现阶段，该技术主要聚焦于对内部各部件性能的精细化优化。与之相比，PEM 电解水制氢技术虽然具备响应速度快、电流密度高等优势，却深陷催化剂"卡脖子"难题。PEM 电解水制氢技术依赖贵金属催化剂（如铂、铱等）来加速电极反应，然而这些贵金属不仅储量稀少，且价格昂贵，致使 PEM 电解水设备成本居高不下。而 SOEC 制氢技术凭借其高达 80%~90% 的电解效率，成为当下行业内的发展热点。SOEC 制氢技术工作温度较高（800~1000℃），该温度条件下，电极反应动力学得到显著改善，使得电解过程能够在较低的过电位下进行，极大地降低了能耗。不同电解水制氢技术对比见表 3-16。

表 3-16　不同电解水制氢技术对比

指标	AWE 制氢	PEM 电解水制氢	AEMWE 制氢	SOEC 制氢
压力 / 巴	1~30	1~35	1~35	—
温度 /℃	60~80	50~90	50~90	600~1000
电流密度 /（安 / 厘米²）	0.2~0.5	1.5~2.0	0.8~2.5	0.3~2.0
能耗 /（千瓦·时 / 米³）	4.2~5.9	4.2~4.6	4.2~4.6	> 3
电解效率 /%	59~70	65~82	60~75	85~100
负载范围 /%	25~115	0~125	—	—
成本 /（美元 / 千瓦）	400	1200	—	—
使用寿命 / 小时	60000~120000	60000~100000	10000~30000	8000~20000
响应速度	0.5~5 小时	0.5 秒	秒级别	—

3. 车用氢能利用方式

长远来看，海上风力发电、就地电解海水制氢和绿色甲醇展现出巨大的发展潜力，有望成为未来氢能源产业的关键技术发展方向。

东部沿海海上风力资源丰富且稳定，相较于陆地风电，海上风电具备风速高、湍流强度低、不占用陆地资源等显著优势，可以采取海上风力发电、就地电解海水制氢方式，来满足东部地区氢能源需求。

西部地区风电、光电资源丰富，但受电网输送能力的限制，存在大量的弃风、弃光电现象。可以利用当地廉价的电力资源发展电解水制氢、就近氢能利用的方式，还可以发展绿色甲醇燃料，解决氢能储运成本高的问题；国内也出现了把甲醇作为氢能载体、站内重整制氢等利用方式。

1）绿色甲醇燃料

绿色甲醇近年来备受关注。其制备过程是利用可再生能源电解水制氢，再与捕获的二氧化碳发生化学反应合成甲醇。绿色甲醇不仅能量密度高、便于储存和运输，且可直接应用于现有的内燃机系统，实现低排放甚至零排放运行。

目前，绿色甲醇生产成本较高，依托国内丰富且价格相对低廉的煤基甲醇资源，开启了过渡性应用，尤其在车船等交通领域已悄然启动相关实践探索。2024 年，国内甲醇汽车保有量达到 2.77 万辆，其中甲醇重卡有明显增长，共消费甲醇约 71 万吨。车用甲醇相较于汽柴油，在燃料成本上具有一定优势和发展潜力（表 3-17），尤其在煤炭等资源丰富地区，甲醇供应相对稳定，且价格具有竞争力。

表 3-17 车用甲醇与汽柴油竞争力对比分析

项目		甲醇（主营）	92 号汽油（主营）	甲醇（民营）	0 号柴油（民营）
销售端	零售价/（元/升）	2.59	8.78	2.00	6.50
	进销差价/（元/升）	0.51	1.12	0.30	1.35
	吨升比/（升/吨）	1260	1388	1260	1176
	吨毛利/元	643	1553	378	1585
使用端	热值/（千焦/千克）	23364	44000	23364	42552
	使用过程替代比/（升/升）	1.7（添加添加剂 M100）		2.5（不添加添加剂甲醇燃料）	
	出租车或重卡年使用成本/万元	3.52（节约 50%）	7.02	25.2（节约 23%）	32.8
	年度节省动力成本/万元	3.5（行驶 10 万千米）		7.60（行驶 14.4 万千米）	
	购车成本/万元	差异很小	40	35	
	（购车+使用）阶段节省成本/万元	28（8 年）		40.6（6 年）	

根据国内甲醇汽车的产销计划和发展车型的竞争力，预计 2030 年甲醇重卡的保有量达到 2 万辆左右，甲醇出租车将被电动汽车逐渐取代，保有量萎缩，车用甲醇消费需求达到 210 万吨（图 3-41）。

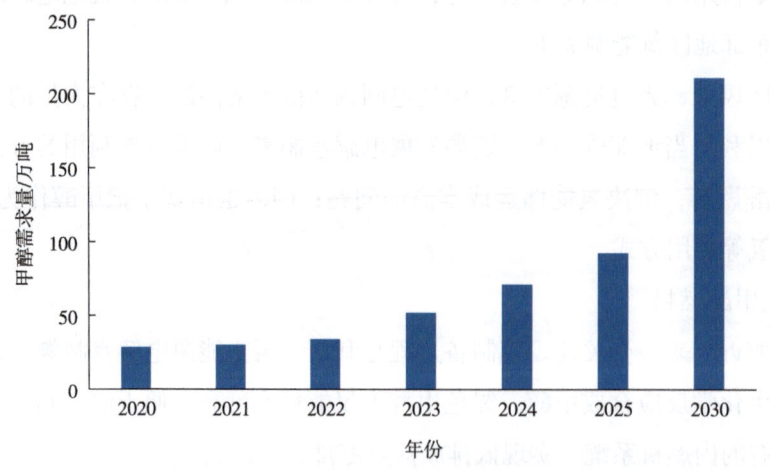

图 3-41 2020—2030 年国内车用燃料甲醇需求量

2）甲醇载体

把甲醇作为氢能的一种载体，不仅解决了氢能储运成本高的问题，还可以拓展加氢站的资源来源和加氢站的开发模式。目前，在部分省份发展甲醇站内重整制氢、加氢，较柴油具备竞争力。多数省份甲醇站内重整制氢成本可以下降到 35 元/千克，公交车用氢成本与用油成本相当；内蒙古、辽宁、黑龙江等省份甲醇站内重整制氢成本可以下降到 25 元 / 千克，重卡用氢成本接近用油成本。各省份甲醇站内制氢成本如图 3-42 所示。

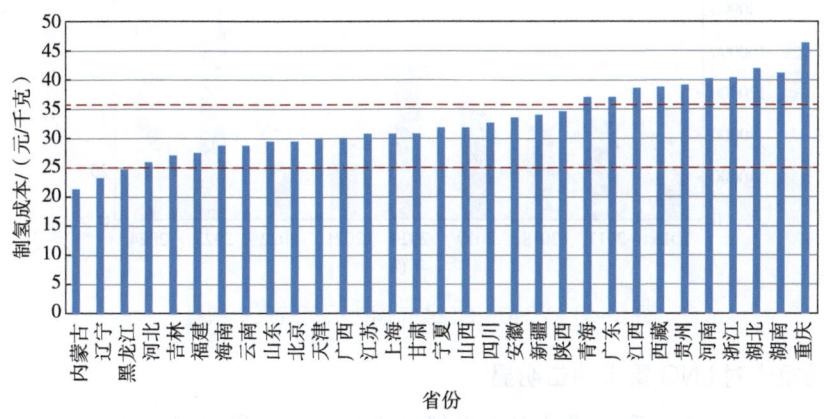

图 3-42　各省份甲醇站内制氢成本

第六节　天然气汽车及加气业务

一、LNG 汽车保有量将在 2030 年前后达峰

1. 年度销量震荡增长

2020 年，国内柴油车、黄标车置换，"寅吃卯粮"导致增幅较大；2021—2022 年新冠疫情管制期间，销量暴跌；2023 年疫情之后管制放开，大批项目开工，天然气汽车同比暴增 338%；2024 年在 2023 年高基数的基础上，同比增长仅 2.2%。

2. 车型以货车和半挂牵引车为主

近年来在电动力的冲击下，乘用车和客车销量下降明显，LNG 汽车以货车和半挂牵引车为主。2024 年，乘用车、客车和半挂牵引车同比分别下降 42.6%、0.5% 和 6.0%；货车同比增长 41.9%，集中在轻型物流车，对 LNG 消费拉动偏弱。2016—2024 年，国内天然气汽车销量如图 3-43 所示。

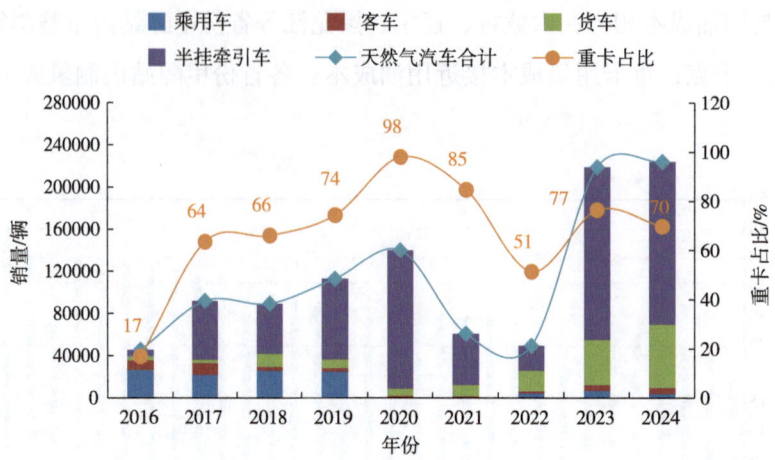

图 3-43　2016—2024 年国内天然气汽车销量

3. 电动重卡对 LNG 重卡冲击明显

2024 年，国内 LNG 重卡销量 15.7 万辆（重型货车 + 牵引车），同比下降 6.8%，占 2024 年国内重卡销量的 17.6%，同比下降 1.3 个百分点；而电动重卡销量占比 7.7%，同比上升 4.4 个百分点。2016—2024 年，国内重卡销量动力构成如图 3-44 所示。

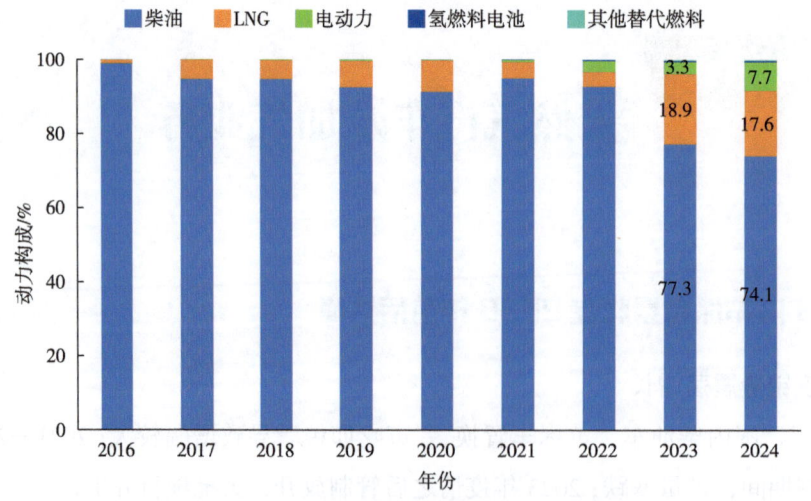

图 3-44　2016—2024 年国内重卡销量动力构成

4. LNG 汽车发展速度受气油比价、政策和技术经济性影响较大

1）气油比价影响

2023—2024 年，国内 LNG 汽车销量增长主要为气油比价经济性所推动。LNG 与柴油比价只要低于 0.8，就较燃油具备使用经济性。2023 年以来，气油比价关系总体处于 0.7 左右（图 3-45），有力地推动了国内 LNG 汽车的发展（表 3-18）。

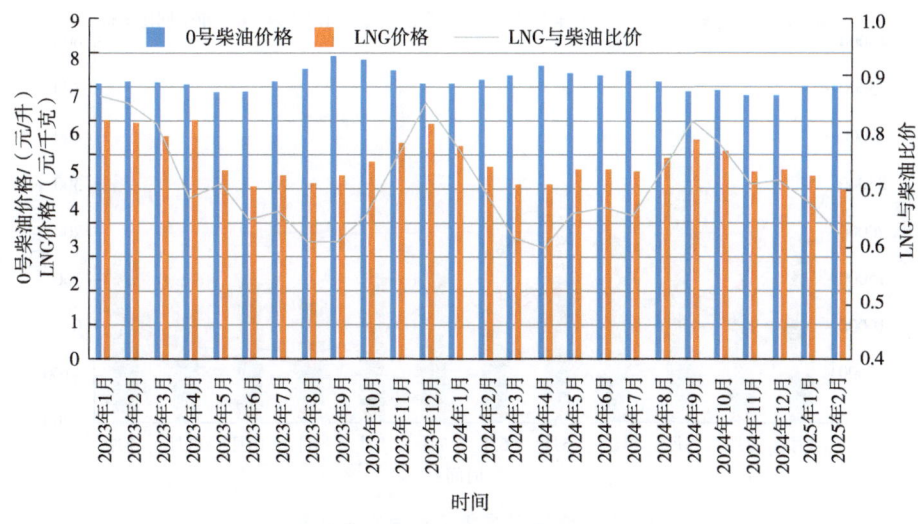

图 3-45　2023—2025 年 LNG 与柴油的比价变动

表 3-18　LNG 车辆变化趋势

年份	天然气汽车销量/万辆	LNG 重卡销量/万辆	LNG 重卡保有量/万辆	LNG 与柴油比价	LNG 车行驶里程占比/%
2020	14.0	13.8	47.1	0.76	12.2
2021	6.1	5.2	48.8	0.88	11.1
2022	5.0	2.6	49.2	0.9	11
2023	21.5	16.7	63.1	0.73	13.8
2024	22.3	15.7	79.0	0.70	20.2

根据气油比价的波动周期，预计 2025 年油气比价将有所回升，LNG 经济性下降。另外，电动力的竞争将进一步加剧，挤压 LNG 汽车发展空间。

2）政策影响

2024 年，国内天然气汽车月度销量受政策影响波动较大，销量前高后低，7 月 30 日是分水岭（图 3-46）。2024 年 7 月 30 日，交通运输部、财政部发布《关于实施老旧营运货车报废更新的通知》后，报废更新补贴不涵盖天然气汽车，LNG 汽车产销量应声而落，导致 8—11 月产销量同比大幅下跌。

2025 年 3 月 18 日，交通运输部、国家发改委、财政部联合发布《关于实施老旧营运货车报废更新的通知》，宣布将老旧营运货车"以旧换新"政策范围扩大至国Ⅳ排放标准，并首次将天然气车纳入补贴范畴。此举预计将刺激 2025 年国内重卡销量，尤其是刺激天然气重卡和新能源重卡销量。

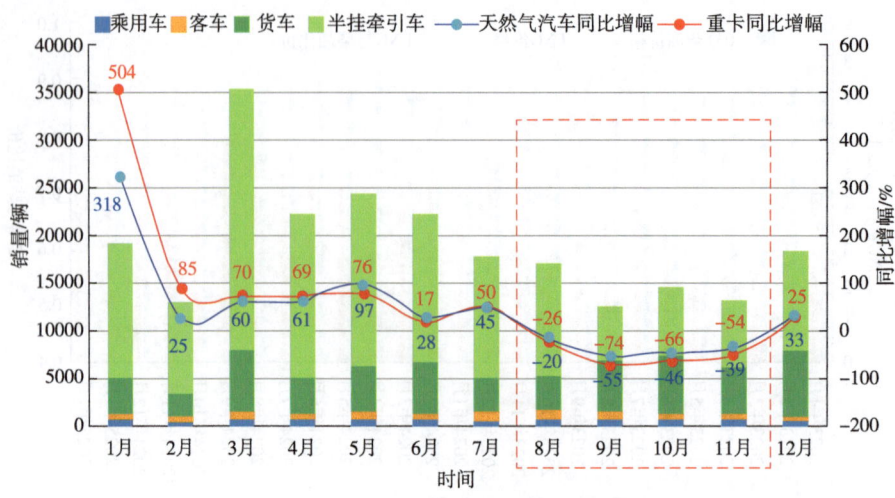

图 3-46 2024 年国内天然气汽车销量变化

3)技术经济性

重卡各技术路线的经济性直接影响其发展速度和发展规模。从车辆购置成本看,氢燃料电池重卡 > 电动重卡 > LNG 重卡 > 柴油重卡,氢燃料电池重卡享受国家和地方购车补贴,氢燃料电池重卡和电动重卡免征车辆购置税。从最终用户的购置成本看,电动重卡 > LNG 重卡 > 柴油重卡 > 氢燃料电池重卡(享受国家和市政补贴)。从使用成本看,各种动力重卡的保养费、保险费、燃料费和减排辅材费(如尿素)不同,导致使用成本不同,年度使用成本氢燃料电池重卡 > 柴油重卡 > 电动重卡 > LNG 重卡。综合以上内容,从购车和使用阶段的总成本看,氢燃料电池重卡 > 柴油重卡 > 电动重卡 > LNG 重卡。因此,从技术经济性的角度看,LNG 重卡和电动重卡将加速替代柴油重卡(表 3-19)。

表 3-19 重卡各技术路线经济性对比

	项目	柴油重卡	LNG 重卡	电动重卡（含电池）	氢燃料电池重卡（有补贴）	氢燃料电池重卡（无补贴）
购置成本	车辆成本 / 万元	39	45	80	110↓（三年下降 70）	110
	国家补贴 / 万元				46.2	
	市政补贴 / 万元				46.2	
	车辆购置税 / 万元	3.45	4.5	0	0	0
	购置成本合计 / 万元	42.45	49.5	80↓	17.6	110
	年折旧 / 万元	8.07	9.34	16.16	3.35	20.9

续表

项目		柴油重卡	LNG重卡	电动重卡（含电池）	氢燃料电池重卡（有补贴）	氢燃料电池重卡（无补贴）
使用成本	年行驶里程/万千米	10	10	10	10	10
	保养费/（万元/年）	0.62	0.5	0.5	2.68	2.68
	保险费/（万元/年）	3	3.5	3.5	5	5
	尿素费/（万元/年）	11.38	0	0	0	0
	单位燃料消耗	0.325升/千米	0.33千克/千米	1.9千瓦·时/千米	0.1千克/千米	0.1千克/千米
	每年燃料消耗	32.5立方米	33吨	1.9千瓦时	10吨	10吨
	燃料单价（含服务费）	6.72元/升	5.31元/千克	1元/（千瓦·时）	25元/千克↓（山西、淄博）	50元/千克
	燃料费用/（万元/年）	21.84	17.52	19	25	50
	年使用成本/万元	36.84	21.52	23	32.68	57.68
年总成本/万元		44.91	30.86	39.16（不含电池31.6）	36.03	78.58

新能源重卡技术正飞速发展，有望于近期超越 LNG 重卡的经济性。特别是电动重卡，随着技术的不断突破，其经济性日益凸显。新兴的车电分离模式，为电动重卡市场带来了巨大变革。在车电分离模式下，买车赠送电池租赁服务使得电动重卡的购车成本从 80 万元大幅下降至 45 万元。经测算，采用车电分离模式的电动重卡，其年总成本已与 LNG 重卡相当，在技术进步和政策支持下，电动重卡技术经济性将会很快超越 LNG 重卡，LNG 重卡注定是柴油重卡向电动重卡过渡的中间产品。

5. 保有量持续增长，预计在 2030 年达峰

LNG 汽车保有量持续增长。从 2017 年的 17.5 万辆（高于 2023 年和 2024 年新增销量，6~8 年使用寿命）增长到 2024 年的 78.7 万辆，年均增长 24.0%；2024 年同比增长 24.7%，主要集中在重卡领域。

我国重卡动力构成优化速度将明显加快。我国重卡市场已转为存量市场，而且随着"公转铁"等运输方式的转变，以及公路运输效率的提高，重卡保有量处于震荡下行趋势。综合技术路线的经济性对比、国家和地方政策导向以及技术突破和面临问题的解决难度进行预测，预计短期内 LNG 重卡依然是替代柴油重卡的主力，但发展仍然受气价波动影响，发展区域受新能源重卡发展的冲击将逐步收缩。2024—2030 年，LNG 重卡保有量年均增量保持在 10 万辆左右，呈前高后低趋势，2030 年前后保有量达到峰值，在重卡总保有量中的占比达到 20% 左右。电动重卡销量将明显提升，且呈现前低后高趋势。氢燃料电池重卡继续保持小规模增长，有望于"十五五"（2026—2030 年）期间取得明显的技术突破。国内重卡保有量动力构成变化趋势预测如图 3-47 所示。

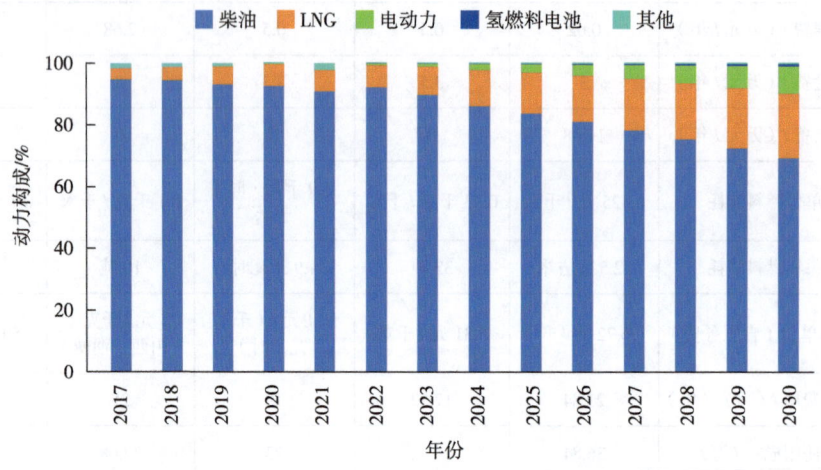

图 3-47　国内重卡保有量动力构成变化趋势预测

二、加气站仍有一定发展空间

国内 LNG 加气站数量持续增长，2010—2023 年从 100 座增长到约 5500 座（图 3-48）。LNG 汽车增速低于 LNG 加气站增速，平均单站服务车辆有下降趋势。根据 LNG 汽车发展的窗口期和 LNG 加气站的投资回收期，预测后市 LNG 加气站仍有一定发展空间，但发展空间有限。

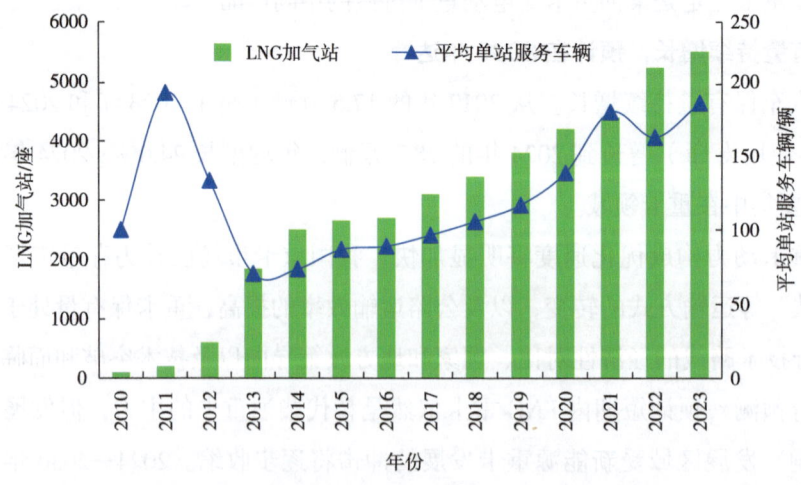

图 3-48　2010—2023 年国内 LNG 加气站发展情况

第七节 市场导向和转型方向

一、能源结构调整方向——用能电力化、电力低碳化

用电力替代煤、石油、天然气等化石能源，同时将电力转化为绿色电力或零碳电力。在工业领域，众多高耗能企业正加快实施技术改造，将生产设备从燃油、燃煤驱动更新为电力驱动，大幅提升能源利用效率，减少对传统化石能源的消耗。在实现用能电力化的基础上，着力优化电力生产结构，降低电力生产过程中的碳排放。一方面，大力发展可再生能源发电，如风力发电、光伏发电、水力发电等；另一方面，积极推进煤炭清洁高效利用技术在火电领域的应用，通过采用先进的脱硫、脱硝、除尘技术以及高效的燃烧技术，降低火电生产过程中的污染物排放，提高煤炭利用效率。

二、汽车市场发展趋势——向电动力和氢能源转型

随着政策的大力推动和环保意识的不断增强，传统燃油车和天然气汽车正逐步被更为清洁、高效的电动汽车和氢燃料电池汽车所取代，2017—2023 年，燃油汽车和天然气汽车保有量占比分别下降 5.1 个百分点和 1.2 个百分点，电动汽车占比提高 6.6 个百分点，氢燃料电池汽车占比也逐渐显现（表 3-20）。随着车用动力转型速度加快，传统油气企业的销售业务必须加快转型。

表 3-20　2017—2023 年全国汽车保有量动力结构变化

年份	动力结构 /%				
	汽柴油	天然气	电动力	氢燃料	其他
2017	95.8	2.9	1.0	0.001	0.3
2018	95.4	2.9	1.5	0.001	0.2
2019	95.1	2.9	1.8	0.002	0.2
2020	94.9	2.7	2.3	0.002	0.1
2021	93.7	2.5	3.5	0.002	0.3

续表

年份	动力结构 /%				
	汽柴油	天然气	电动力	氢燃料	其他
2022	92.4	2.2	5.4	0.004	0.01
2023	90.7	1.7	7.6	0.005	0.01
六年变化	降低 5.1 个百分点	降低 1.2 个百分点	上升 6.6 个百分点	逐渐显现	降低 0.3 个百分点

三、价值挖掘效益标准——新能源业务营业收入水平较低

在当前能源结构加速调整的大背景下，新能源业务在国内的发展势头日益强劲。但是，新能源业务在盈利能力方面，远低于油品和非油品业务。

如果利用加油站富余土地发展新能源和加气业务，从资产价值挖掘的角度来看，单位面积带来的收益加气站≈（重卡）换电站＞充电站＞加氢站，见表 3-21。

表 3-21 加油站富余土地资产价值挖掘对比分析（样本理论测算）

站点类型	LNG 橇装站	重卡换电站	乘用车换电站	充电站	加氢站	洗车（油品引流）	洗车（非油收费）
建设规模	1 橇装模块	1 换电单元服务 50 辆车	1 换电单元服务 130 辆车	7 桩双枪（120 千瓦）	500 千克 / 日	1 模块（200 辆 / 日）	1 模块（100 辆 / 日）
占地面积 / 平方米	200	230	60	182	2000	20	20
建设成本 / 万元	350	500	398	230	1200	25~65	25~65
年收入 / 万元	128~354	324	295	61	718	36.5（增加 2 吨 / 日）	91.3（25 元 / 辆）
年总成本 / 万元	60~150	164	273	48	692	19.6~27.6	19.6~27.6
年利润 / 万元	68~204	160	22	13	26	8.9~16.9	63.7~71.7
单位面积年利润 /（万元 / 米²）	0.34~1.02	0.70	0.36	0.07	0.013	0.45~0.85	3.2~3.6

四、近期加入"四大赛道"发展新能源业务，吸引和留住顾客

鉴于国内新能源业务的发展态势及其盈利能力，秉持着科学合理、稳步推进的原则，油气企业规模发展光伏发电、加快发展充电业务、审慎发展换电业务、积极介入加氢业务、稳健发展加气业务、积极试点其他业务（图 3-49）。油气企业发展新能源业务，以油养电、以油养氢，其核心目的在于通过多元化的能源补给服务与丰富的增值业务，吸引和留住顾客，以便培育新业态，最终实现从传统能源业务向多元化能源业务的平稳转型。

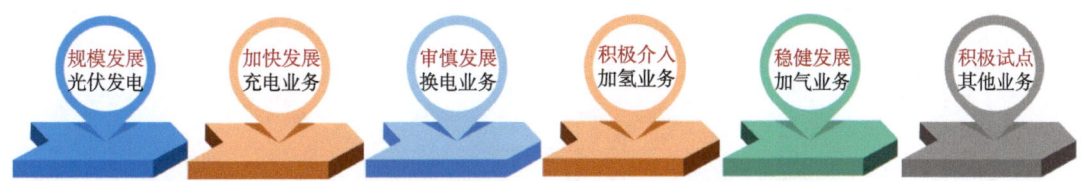

图 3-49 近期销售业务和加油站转型的思路和路径

五、尽快着手生态培育和商业转型，中远期朝大非油方向发展

目前，油气企业销售业务转型离不开依托的加油站。分析加油站相关业务的发展阶段可发现，成品油业务将进入衰退期，光伏发电和加气业务将进入成熟期；充换电处于成长期，加氢仍处于导入期，但盈利能力均较差；非油业务处于成长中期，盈利能力居中，未来发展潜力较大，如图 3-50 所示。因此，建议传统油气销售企业尽快着手加油站新生态培育和商业转型，中远期朝着大非油方向转型（不局限于便利店商品），实现非油"产业化"，降低成本、提高盈利能力。

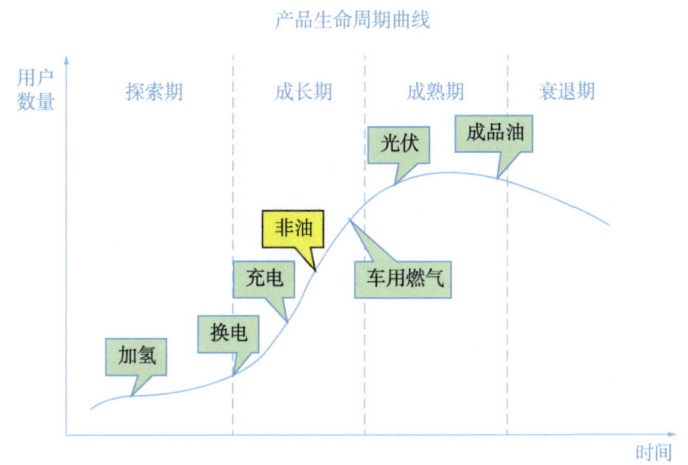

图 3-50 加油站相关业务发展阶段

第四章

油气企业销售业务转型探索

在"双碳"目标和车用动力加快转型升级背景下,传统油气企业顺应市场大势,服务国家战略,对光伏发电、充电、换电、加氢"四大赛道"进行了积极的探索。探索发现,尽管"四大赛道"代表着新能源发展的重要方向,但在承载销售业务成功转型方面却面临诸多挑战。从实际情况来看,短期内它们难以成为加油站销售业务的主营业务,承载不了传统油气企业销售业务的成功转型。必须积极探索其他与销售相关的业务和新的发展模式,如能源运营、平台经济、数字经济、大非油生态等领域。积极打造电、氢等新能源产业链,不仅契合油气企业"减油增化"和"减油增特"的转型方向,而且有利于销售业务从规模经济向范围经济发展。

第一节 "四大赛道"探索和评价

光伏发电、充电、换电和加氢是油气企业销售环节助力"双碳"目标实现的工作重点，也是油气销售企业向新能源业务转型的"四大赛道"。从发电侧来看，对加油站、油库、办公区等场站来说，要实现销售终端电力低碳化，分布式光伏发电是首选；从用电侧来看，发展充电、换电和加氢业务，促进交通用能清洁化、电动化，是符合国内汽车发展路线的必然选择。通过电力深度低碳化和终端用能高度电动化供需联动，减少能源行业碳排放，助力"双碳"目标实现。因此，在加油站增设光伏发电、充电、换电、加氢等业务是销售业务和加油站转型的初步探索。

一、光伏发电业务——能源转型的绿色助力

光伏发电业务作为清洁能源的重要组成部分，逐渐成为油气企业拓展新能源业务的重要方向。油气企业利用其在土地资源、技术储备和资金实力方面的优势，稳步推进光伏发电项目的建设。据不完全统计，2024 年油气企业在光伏发电领域的投资已超过 100 亿元，新增光伏装机容量达到 200 万千瓦。

中国石油在光伏发电业务上的布局尤为突出。其在新疆、内蒙古等地建设了多个大型光伏电站，利用当地的光照资源优势，实现了光伏发电业务与油气业务的协同发展，已在新疆巴州、喀什两地建成投运 130 万千瓦集中式光伏发电项目，年生产绿电能力达 24 亿千瓦时[12]。

二、充电业务——快速增长的市场需求与业务布局

充电业务是油气企业进入新能源领域的首要切入点。近年来，随着新能源汽车保有量的快速增长，充电设施的需求也日益旺盛。据相关数据显示，2024 年我国新能源汽车保有量已突破 3140 万辆，同比增长 53.8%。然而，充电桩数量的增长却未能完全匹配新能源汽车的增长速度，充电桩与新能源汽车的比例仅为 1∶2.45，这为油气企业布局充电业务提供了广阔的市场空间。

以中国石化为例，截至 2024 年底，其已在全国范围内建成充电站超过 6000 座，累计充电量达到 14 亿千瓦时。通过与多家新能源汽车制造商合作，中国石化不仅为车主提供了便捷的充电服务，还通过充电业务引流，带动了加油站的非油品销售。

三、换电业务——审慎布局中的机遇与挑战

换电业务作为一种快速补能方式，虽然具有补能速度快、用户体验好的优点，但也面临着电池标准不统一、换电站建设成本高等问题。因此，油气企业在布局换电业务时采取审慎的态度。目前，全国换电站数量已突破 4000 座，但与充电桩相比，换电站的普及程度仍较低。

中国石化在换电业务上的探索较为典型。中国石化通过与宁德时代等电池制造商合作，试点建设了多个换电站。这些换电站主要集中在一线城市和新能源汽车保有量较高的地区。在上海，中国石化与蔚来合作的换电站，日均服务新能源汽车超过 300 辆[11]。尽管换电业务的盈利模式仍在探索，但其在提升用户体验、引流非油品销售方面的作用已初步显现[13]。

四、加氢业务——积极介入的未来布局

加氢业务是油气企业面向未来的重要战略布局。随着氢能技术的不断成熟和政策支持力度的加大，加氢站的建设逐渐加速。据相关数据显示，2024 年我国加氢站建成数量已超过 400 座。油气企业凭借其在能源供应和安全管理方面的经验，积极介入加氢业务，推动氢能产业的发展。中国石化和中国石油在加氢业务上的布局较为积极。中国石油在京津冀、长三角等地建设了多个加氢示范站，通过与地方政府和科研机构合作，探索加氢站的运营模式。中国石油在北京的加氢站，日均加氢量达到 600 千克，主要服务于公交、物流等领域的氢燃料电池车辆。加氢业务的发展不仅为油气企业带来了新的业务增长点，也为我国氢能产业的规模化发展奠定了基础[14]。

五、"四大赛道"无法承载销售业务成功转型

从光伏发电来看，全国 30%~40% 的终端站点同时具备增设光伏发电的建设条件和投资经济性，每座站点年均节约电费 1 万~2 万元，每年节约电费不超过 10 亿元。从充换电、加氢补能市场来看：由于充电汽车占新能源汽车保有量的比例在 97% 以上，市场选择了充电，充电"去中心化"的特点大大削弱了加油站补能中心功能，补能网络和客户均被大幅挤压；另外，充换电基础设施被列入新基建，支持国家经济发展和能源结构

转型，本身不以营利为目的；充电补能效率低，设施使用率低（车桩比不断降低），充电服务费由于技术门槛低、主体增多、激烈竞争而不断降低，加油站向充电转型的盈利能力将大大降低。换电技术路线在电池和充电技术不断进步、换电服务费没有竞争力的现实情况下会被逐渐削弱。加氢技术路线发展产业链上存在车贵、氢贵、站贵三大痛点，车辆技术和经济瓶颈得不到解决，短期内市场规模难以有明显突破。因此，万亿元的油气补能市场逐渐向百亿元的电氢补能市场转变，营业收入规模和盈利能力均大大降低，"四大赛道"根本承载不了销售业务转型。油气公司必须加快探索试点其他销售业务。

第二节 新能源产业链打造

为了在新能源领域取得更大的突破，油气企业积极布局新能源产业链，从上游资源获取到中游技术研发与生产，再到下游市场应用与服务，逐步构建起完整的产业链体系。

一、上游资源整合

在上游环节，企业依托油气勘探开发优势，通过与新能源资源丰富地区的政府和企业合作，获取风能、太阳能等资源的开发权。中国海油与内蒙古自治区政府签订了战略合作协议，获得了在当地建设大型风电项目的特许权。该项目规划装机容量达到500兆瓦，预计年发电量超过15亿千瓦时。通过与地方政府的紧密合作，企业不仅能够获取优质的新能源资源，还能够得到政策上的支持和保障。

二、中游技术协同

在中游环节，企业加大了在新能源技术研发和生产方面的投入。许多企业成立了专门的研发中心，与国内外知名高校和科研机构开展合作，共同攻克技术难题。在电池储能技术、高效光伏组件生产等领域，企业取得了一系列重要成果。例如，中国石油旗下的一家新能源公司成功研发出了一款新型的锂电池储能系统，该系统具有高能量密度、长寿命、安全可靠等优点，为新能源的大规模储存和利用提供了技术支撑。

三、下游市场拓展

在下游环节，企业致力于拓展新能源产品的市场应用，建设新能源汽车充电站、分布式光伏发电项目等。随着新能源汽车市场的快速发展，充电桩建设成为企业布局的重点。中国充电联盟的数据显示，截至 2024 年底，全国新能源汽车保有量超 3000 万辆，为了满足日益增长的充电需求，中国石化、中国石油等企业纷纷加大了在充电桩建设方面的投入，计划在未来几年内建设数万个充电桩，覆盖全国主要城市和交通干道。

四、上中下游联动打造电氢新能源产业链

通过打造完整的新能源产业链，油气企业能够有效降低对传统油气业务的依赖，提升自身的综合竞争力。同时，新能源业务的发展也为企业带来了新的增长动力，推动企业实现可持续发展。销售业务和加油站未来的发展方向也取决于油气企业新能源产业链的打造和销售业态的重塑。

一方面，构建"新能源发电—（电网输送）—微电网售电""新能源发电—电解水制氢—储氢—运氢—用氢"以及"资源开发—电池生产—生产/销售新能源汽车—补能—相关服务"等新能源产业链，实现电氢协同发展。如果绿色电力上网和输送受到电网限制，可以通过站内电解水制氢，就近为氢燃料电池汽车提供加氢服务，实现电氢产业链耦合应用。

另一方面，站点以补能为中心，沿产业链向前向后延伸至动力电池、新能源汽车和补能设备的生产、销售和后服务领域，横向从线下业务拓展到线上业务。

此外，与行业内龙头企业联手，实现强强联合。与能源巨头合作，可以获取稳定的能源供应和先进的能源技术；与新能源汽车制造龙头企业合作，可以引入先进的汽车产品和销售模式；与互联网科技龙头企业合作，则可以借助其强大的技术研发能力和平台运营经验，提升加油站的数字化水平和服务创新能力。

第三节 销售业态重塑

在新能源产业链上,销售业务应以补能为中心,纵向向前延伸至新能源汽车销售、向后延伸至相关服务;横向拓展线下和线上业务,以线下业务支持开展线上业务;尽快建设和完善新能源模块,并嵌入加油站管理系统,打造企业数字经济和平台经济。未来,销售业务围绕着能源供给服务、汽车销售服务、能源增值服务、数据增值服务等消费和服务场景,构建培育"车—能—路—云"融合发展新生态。

一、站内站要挖掘高附加值新业务支撑

传统加油站正逐渐从单一的油品销售场所向多功能服务中心转变。为了提升加油站的盈利能力,企业纷纷挖掘站内的高附加值新业务。

洗车业务是增加收入的重要手段。市场调研机构的数据显示,上海开展洗车业务的加油站平均每月增加客流量2000人次,油品销售额相应提升了10%。为了提高洗车效率和服务质量,许多加油站引入了自动洗车设备,并推出了多种洗车套餐供客户选择。

便利店也是加油站的重要盈利增长点。随着消费者需求的多样化,加油站便利店的商品种类日益丰富,从食品饮料到汽车用品,从日用品到电子产品,应有尽有。根据中国连锁经营协会的统计数据,加油站便利店的销售额在加油站整体收入中的占比逐年上升,现已达到20%左右。智能便利店备受欢迎,通过引入先进的零售技术,如无人结算系统、智能货架等设置智能便利店,提升购物体验,满足不同客户的消费需求,进一步挖掘消费者的购买潜力,提高便利店的销售额和利润空间,从而发挥加油站资产的最大盈利能力。

增设汽车服务业务也是不错的选择。配备专业的维修技师和必要的维修设备,针对常见的汽车故障(如轮胎更换、小部件维修等)提供快速、高效的维修服务。

此外,一些高端加油站还设置了快餐区、咖啡吧、休息区等,为客户提供舒适的消费环境,不仅提升了客户的消费体验,还增强了客户的忠诚度。

二、站外站要业态设计带盈利商圈

从站外角度出发,创新的业态设计能够打造出具有强大吸引力的盈利商圈。构建"补能+消费+服务+休闲+娱乐+其他"的多元化模式,将加油站周边区域打造成一个综合性的商业中心。这种全方位的业态设计,能够吸引大量的人流,形成一个具有强大生命力的盈利商圈,不仅为加油站带来了更多的客户流量,还通过不同业态之间的协同效应,提高了客户的消费频次和消费金额,实现了加油站销售业态的全面重塑与升级。

油气企业销售业务转型路径和业态重塑如图 4-1 所示。

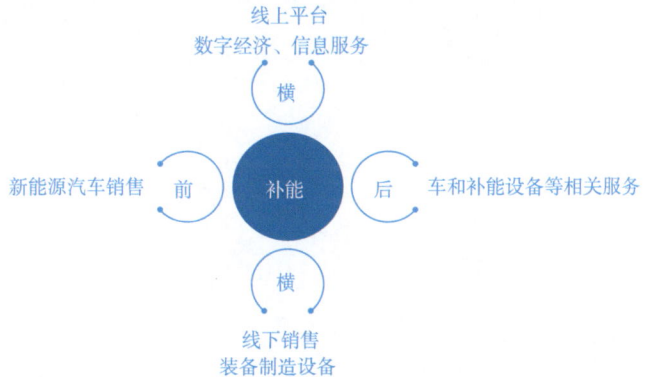

图 4-1 油气企业销售业务转型路径和业态重塑

第五章

加油站转型和综合能源服务站建设

　　国内车用动力从油气向电氢快速转型,加油站业务被迫也要随之转型。加油站转型根据"适当超前"的原则,要分步骤、分类别、分层次、有次序逐渐向综合能源服务站转型。各地车辆动力构成和转型进度不同,综合能源服务站也没有明确定义和固定模式。因此,加油站向综合能源服务站转型,建议以市场为导向、以经济性为驱动、以效益为标准、以资源为基础、以油—(气)—电—氢为顺序,宜电则电、宜氢则氢,近期先电后氢,中远期电氢多元深度融合。

第一节 加油站转型路径

根据国内新能源汽车的发展速度和发展规模，推动国内加油站分步、分类、分层、有序稳步转型。

一、分步转型

根据中国石油规划总院对国内新能源汽车市场的模型预测结果和市场研判，并结合中国石油"三步走"总体发展战略，提出加油站转型步骤：（1）清洁替代阶段（2021—2025年），新能源汽车保有量占比在10%左右，期末加油站转型比例达到10%以上，探索开发站外站；（2）战略接替阶段（2026—2035年），新能源汽车保有量占比约50%，期末加油站转型比例达到50%以上，适度开发站外综合能源服务站；（3）绿色转型阶段（2036—2050年），期末新能源汽车保有量占比保守估计在70%左右，期末加油站深度转型比例达到70%以上，适度开发站外综合能源服务站。

二、分类转型

不同类型加油站转型压力和转型方向不同，因此要根据加油站的类型，选择不同的转型路径。根据我国新能源汽车推广的进程和分布特点，相应补能站点可以分为城市站、城际站和乡村站。

针对城市站点，按照"一类一策""一商圈一策""一站一策"来开展业务转型，最大限度发挥终端资产价值。目前，选择站内增设充电、换电和加氢等补能设施，并积极以补能为中心拓展业务和经营范围（快餐、4S店或提车点、汽服等），重塑服务业态，培育综合能源服务场景和大非油生态（不局限于目前加油站便利店经营非油商品）。

对于城际站点，由于大多分布在国道、高速公路服务区内，油气销售企业在城际站发展新能源业务的优势显著，是最不容易被替代的站点，未来主要向快充、快换和加氢方向发展，同时辅以移动充电车、充电桩，并进一步拓展业务范围，加强盈利能力。

乡村站点是销售企业转型过程中最为困难的一类站点，新能源汽车下乡，多是随车配桩、分散充电，基本上不存在充电补能焦虑。因此，对于乡村站点，未来转型应朝着销售农用物资、机具设备、车辆及提供相关服务等方向发展。

三、分层转型

不管是新能源补能业务还是新型销售业务，均有明显的产业生态培育、产业规模和聚集效应。以新能源汽车补能为例，现阶段司机会优先选择配置 20~30 个充电桩（枪）的站点进行充电补能，而配置几个充电桩（枪）的站点平均利用率相对较低。因此，基于对未来交通用油需求预测和对加油站需求预测，目前在基本不流失油气客户的前提下，分层选点、规模发展新能源业务和新型销售业务。例如，在同一条交通线路上的加油站，或一片交通网络上的加油站，由于同一家企业加油站密度较大造成低销、低效的站点，分层选取这样的加油站深度转型，发展新能源和新型销售业务，前提是不流失油气客户，同时提升周边自家企业加油站的销量。

四、有序转型

从国内区域推动次序来看，根据新能源汽车发展趋势，将从我国东南中部地区向西南、西北、华北北部、东北逐渐递推。从油气销售企业站点分类和层次来看，逐渐从高级别的站点开始（省会站、城市干道站、一类站等），发展到低级别站点（县乡农村站、县乡道路站、四类站等）；各类站点转型没有严格的界限，根据周边新能源汽车补能需求的具体市场情况，最终打造城市面状、城际线状、乡村点状的新能源业务网络。

第二节 综合能源服务站建设范式

一、综合能源服务站

1. 综合能源服务站定义

国内综合能源服务站尚在试点阶段，名称、范围还未统一，没有明确定义。国家电网将其命名为"多站融合"，强调通过整合多种能源供应及相关服务站点，实现资源的高效利用与协同运作。南方电网则称作"多站合一",同样突出不同功能站点的一体化集成,以提升能源服务的综合性和便利性。根据其业务拓展方向及能源服务内容,油气企业将这类站点定义为"油气氢电非"或"油气氢电服",国家能源局从宏观层面出发,将其称为"多功能综合一体站",着重体现了这类站点具备多种功能、提供一站式能源服务的综合性特质。

综合能源站并不是简单的基础设施的组合,而是各种能源基础设施、系统平台的融合协作关系。"数字化"是贯穿整体的"血液",它为各个环节的高效运作提供了数据支持与技术保障,使得能源的生产、传输、分配以及消费等环节能够实现精准监控与智能调控。而能源互联网平台则如同综合能源站的"大脑",通过整合各类能源信息资源,实现不同能源系统之间的互联互通和协同优化,极大地有利于跨界合作的开展,进而充分挖掘和拓展经营范围及盈利模式。

综合能源服务站如图 5-1 所示。

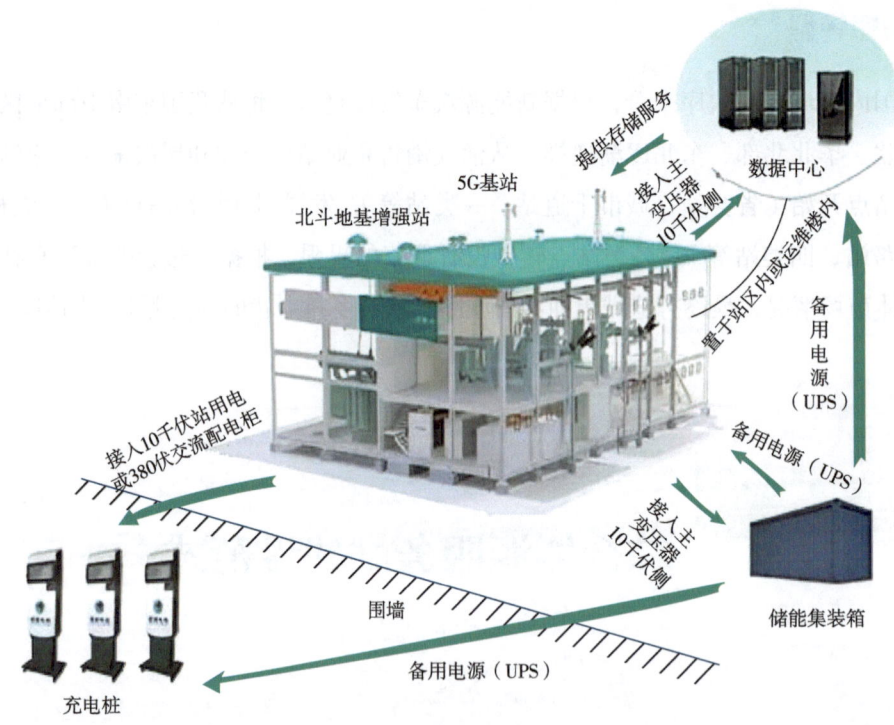

图 5-1 综合能源服务站示意图

2. 运营主体和发展现状

从运营主体和发展现状来看,在过去相当长的一段时间里,综合能源站领域主要是两大电网企业及五大六小发电集团的竞技场。然而,在 2021 年下半年,国内能源市场格局发生了显著变化,出现了一批以"三桶油"(中国石油、中国石化、中国海油)为投资建设主体、以"加油+充换电+加氢"为显著特点的综合能源站落地项目(表5-1)。"三桶油"凭借其广泛的加油站网络布局以及在能源领域的深厚底蕴,迅速在综合能源服务站领域崭露头角。它们的入局,不仅为综合能源服务站的建设注入了新的资金和活力,还进一步丰富了综合能源服务站的内涵。

表 5-1 各地区典型综合能源服务站

序号	地区	站点名称	融合模式
1	北京延庆	金龙综合能源服务站	加氢+智慧加油+充电+光伏发电+天然气
2	山东济南	中国石化第58综合能源站	加油+加氢+加天然气+换电+光伏发电
3	安徽芜湖	马饮桥站	智慧加油+加氢+光伏发电+便利店
4	江苏南京	高淳城北科技新城氢油综合能源服务站	加油+加氢+光储充+汽车服务+便利店
5	浙江杭州	世纪变直流多站合一工程	变电+充电+数据中心+光伏+储能
6	河北雄安	雄安新区智慧综合加能站	加油+换电+光伏+洗车+充电+智慧支付
7	山东潍坊	"氢电油气"综合能源服务站	加氢+加油+加气+充电
8	贵州六盘水	双红油氢综合能源站	加油+加氢
9	甘肃兰州	莫高智能智慧综合能源站	成品油零售+CNG加气+非油+汽车充换电
10	辽宁大连	盛港综合能源服务站	加油+加氢+充电+LNG+跨境电商
11	重庆长安	奥动新牌坊换电站	加油+加气+充换电三站合一
12	福建福州	福州东二环岳峰悦享超级充电站	充换电+电池检测+光伏+储能+5G
13	江苏苏州	三港农副产品配送公司光储充一体化充电站	光伏+储能+充电
14	江苏苏州	苏州110千伏香山综合能源站	风电+光伏+充换电+智慧路灯+气象站
15	江苏镇江	滨河综合能源枢纽站	变电+光伏+储能+充电+冷热供应
16	广东佛山	顺德区顺风加氢站	加氢+充电+光伏发电
17	广东佛山	汇源通电力科技产业园区光储充综合能源示范项目	光伏+储能+充电
18	广东东莞	光储充检智能充电站	光伏+储能+充电+电池检测
19	广东深圳	南方电网多站融合项目	变电站+数据中心+充电站
20	山东滨州	"八站合一"智慧能源综合示范区	变电站+光伏+储能+数据中心+充电+5G
21	新疆哈密	陶家宫综合能源站	光伏发电+蓄热+充电站+5G+储能+零售
22	海南美兰	国家电投沪能出行美兰机场充电站	光伏+储能+充电+汽车检测+汽车维修
23	湖北襄阳	国家电网襄阳三桥北智慧光储充一体化项目	光伏+储能+充电
24	湖北黄石	综合客运站	光伏+储能+充电+能源管理
25	江苏无锡	"十二站合一"综合能源站	变电+储能+光伏站+冷热+5G

3. 开发模式

在综合能源服务站开发模式方面，主要存在合同能源管理（EMC）、能源托管、建设—运营—移交（BOT）、政府和社会资本合作（PPP）等多种模式。

EMC 模式下，节能服务公司与用能单位以契约形式约定节能项目的节能目标，节能服务公司为实现节能目标向用能单位提供必要的服务，用能单位以节能效益支付节能服务公司的投入及其合理利润。在综合能源服务站建设中，这一模式可应用于能源设施的节能改造项目，可对加油站的照明系统、加油设备等进行节能升级，通过降低能耗实现效益共享。

能源托管模式则是用户将能源管理的相关业务委托给专业的能源服务公司，由其负责能源系统的规划、设计、建设、运营和维护等全过程服务。对于综合能源服务站，能源托管模式能够确保能源设施的高效稳定运行，提高能源利用效率，降低运营成本。

BOT 模式则是由项目公司负责融资、建设综合能源服务站，并在规定的期限内进行运营管理，期满后将项目设施无偿移交给政府或相关部门。这种模式可以充分吸引社会资本参与综合能源服务站的建设，缓解政府资金压力，同时利用社会资本的专业运营能力提升项目的运营效益。

PPP 模式强调政府与社会资本之间的合作，通过双方共同出资、共担风险、共享收益的方式推进综合能源服务站的建设与运营。在这种模式下，政府可以发挥政策引导和监管作用，社会资本则提供资金、技术和管理经验，实现优势互补，共同推动综合能源服务站的可持续发展。

4. 运营模式

运营模式主要包括增量式配电网利润分配模式、配售一体化模式、综合能源服务模式以及配售一体化和综合能源服务结合模式。

增量式配电利润分配模式，指综合能源服务站参与增量配电业务，通过对新增配电区域的规划、建设与运营，与电力供应商协商利润分配机制。在利润分配上，依据服务站投入的资金、承担的运营成本以及实际供电量等因素，与电力供应商按照一定比例进行利润分成。这种模式使得综合能源服务站能够在配电业务中获取额外收益，拓宽盈利渠道。

配售一体化模式，是指综合能源服务站整合电力的生产、输送、分配与销售环节，实现一体化运营。服务站既作为电力生产商，通过自身的发电设施，如太阳能光伏板、风力发电机等生产电力，又承担电力销售商的角色，直接向终端用户销售电力。通过减少中间环节，服务站能够更好地控制电力成本，提高电力供应的稳定性和可靠性。同时，根据用户的用电需求和实时电价波动，灵活调整电力销售策略，提升经济效益。

综合能源服务模式，强调综合能源服务站提供涵盖多种能源形式的一站式服务。除了传统的加油业务外，大力拓展充电、加氢等新能源补给服务，满足不同类型车辆的能源需求。同时，还延伸至能源管理、节能改造等增值服务领域。对于企业用户，服务站可派遣专业团队对其能源使用情况进行全面评估，提出节能优化方案，如安装节能设备、调整生产流程中的能源使用方式等，并通过收取服务费用盈利。对于居民用户，提供智能家居能源管理服务，通过智能设备实现对家庭能源消耗的实时监测与调控，帮助用户降低能源费用支出，服务站则从相关服务订阅中获取收益。

配送一体化和综合能源服务结合模式，融合了能源配送与综合能源服务的优势。综合能源服务站不仅负责能源的生产与销售，还承担能源配送的任务，确保能源能够高效、及时地送达用户手中。在配送过程中，利用先进的物流管理技术，优化配送路线，降低配送成本。同时，结合综合能源服务，为用户提供定制化的能源套餐，将能源配送与能源管理、节能服务等相结合，提升用户满意度和忠诚度，进而增强市场竞争力，实现更大的经济效益。

二、内外部发展环境

1. 外部发展环境

1）政策层面支持

2021年9月，国家能源局、工信部等八部委印发《物联网新型基础设施建设三年行动计划（2021—2023年）》，明确提出加快电网基础设施智能化改造和智能微电网建设，部署区域能源管理、智能计量体系、综合能源服务等典型应用系统。

北京、重庆等地积极探索"全城补能设施一张网"模式，确保补能设施能够合理覆盖城市各个区域，为居民和企业提供便捷高效的能源补给服务。这种"全城补能设施一张网"模式，不仅是地方政府在政策执行上的创新实践，也为其他地区提供了可借鉴的成功范例，有力地推动了综合能源服务站在全国范围内的健康发展。

2）"双碳"目标下培育

在碳达峰碳中和的目标下，2030年前我国综合能源服务市场将处于快速增长培育期。在基础业务方面，随着能源结构的调整，传统能源与新能源的协同发展需求日益凸显。综合能源服务站作为能源供应的关键节点，将在能源生产、转换、储存和配送等环节发挥重要作用。从综合能源服务的基础业务和能源需求两方面进行测算，2030年前国内综合能源服务市场潜力将达千亿至万亿元级别。

3）能源企业参与

在政策大力支持和减排目标的倒逼下，众多能源龙头企业纷纷抢滩综合能源服务站领域。综合能源服务站作为数字基础设施，具有强大的产业连接能力，它将油气电氢能源、信息通信、互联网、智慧城市等多个产业紧密联系在一起。能源企业凭借自身在能源领域的资源优势和技术积累，积极布局综合能源服务站建设。

2. 内部要求

根据中国石油销售公司对"综合能源服务站"的定义，站点必须具备油、气、电、氢两种及以上的集成。然而，在实际建设过程中，面临着诸多棘手的建设条件限制。受加油站面积限制较大，限制了增设的种类、数量和规模。传统加油站的占地面积往往较为有限，这成为制约综合能源服务站发展的一大瓶颈。

目前，油气合建站、油电合建站比较常见，油气电合建站相对容易实现，但是在没有国家和地方政府支持的条件下，油气电氢合建站有一定困难。这是因为氢燃料电池市场处于依靠政府政策性、补贴性培育阶段。同时，氢燃料电池汽车的保有量较低，市场需求尚未完全激发，导致加氢站的利用率普遍不高。在这种情况下，若没有政府在政策引导、资金补贴等方面的强力支持，企业很难独自承担建设和运营油气电氢合建站的巨大成本与风险。

鉴于各地新能源发展特点、发展阶段以及资源条件的差异，打造个性化综合能源服务站成为必然趋势。在新能源资源丰富的地区，如西部地区，太阳能、风能资源充足，可着重发展以太阳能、风能发电为基础的综合能源服务站，通过优化能源组合，提高能源利用效率，降低运营成本，为当地居民和企业提供更加多元化、经济实惠的能源服务。典型综合能源服务站如图5-2所示。

图 5-2 典型综合能源服务站示意图

三、综合能源服务站转型和接替方法

1. 转型节奏

1）清洁替代阶段（2021—2025 年）

期末新能源汽车保有量超过 4000 万辆，占比超过 10%，其中氢燃料电池汽车保有量达到 5 万辆左右。对于能源供应企业，该阶段的核心任务是在现有加油站的基础上，积极探索新能源业务的发展路径。一方面，通过他建模式，与专业的新能源设施建设企业合作，借助其在技术和施工方面的优势，快速布局新能源业务；另一方面，开展自建尝试，深入了解新能源设施建设和运营的各个环节，为后续大规模推广积累宝贵经验。在新能源补能设施建设方面，该阶段属于初步发展时期，建议企业密切关注市场动态，紧跟行业发展步伐，争取在期末加油站转型比例达到 10% 以上，且具备规模复制推广能力；探索站外站开发运营，为下一阶段的发展奠定坚实基础。

2）战略接替阶段（2026—2035 年）

期末新能源汽车保有量达到 2 亿辆左右，占比达到 50% 左右，其中氢燃料电池汽车保有量约 100 万辆。该阶段规模发展充电、换电和加氢业务，建议期末加油站转型比例达到 50% 以上，适度开发加油站以外的综合能源服务站，新能源业务与油气传统加注业务融合发展，逐渐实现无缝有序接替。同时，企业应加大在加氢业务上的投入。在基础设施建设方面，多采用自主开发建设经营模式，这样能够更好地把控项目质量、建设成本以及运营模式。通过自主建设，可以根据自身加油站的实际地理位置、周边客户群体特征等因素，量身定制充换电站和加氢站的建设方案，提高设施站点的运营效率。

3）绿色转型阶段（2036—2050 年）

期末新能源汽车保有量占比保守估计在 70% 以上，汽车产业实现电动化转型，商用车实现氢动力转型。该阶段新能源补能需求逐渐超过传统油气加注业务，新能源补能设施逐渐取代传统油气加注设施，传统油气加注设施逐渐规模化退出。企业在这一时期应全力推进加油站的全面转型，建议期末加油站转型比例达到 70%~100%。在转型过程中，不仅要完成补能基础设施的迭代更替，更要注重实现车和站的协同发展。

2. 接替思路

以市场为导向、以经济性为驱动、以效益为标准、以资源为基础、以油—（气）—电—氢为顺序，宜电则电、宜氢则氢。近期，由于电动汽车技术相对成熟，市场接受度较高，且充电基础设施建设相对容易，企业应优先发展充电业务，快速占领市场份额。随着技术的不断进步和成本降低，在中期逐步加大对加氢业务的投入，特别是在氢

能源产业链较为完善的地区。到了远期，根据市场需求和技术发展情况，实现电氢多元融合，为客户提供更加多样化、便捷的能源补给服务。同时，企业要尽快探索挖掘新业务，如储能业务、微电厂和电力交易等业务，利用低谷电价储存电能，在高峰时段释放电能，既可以满足自身补能设施的用电需求，也可以参与电力市场交易，获取额外收益，拓展企业的盈利渠道，实现可持续发展。

1）市场导向

燃油车和天然气汽车逐渐被电动汽车所取代，占比逐渐下降。相关统计数据显示，2019年国内天然气汽车保有量达到峰值，随后逐年递减，2021年天然气汽车保有量被新能源汽车超越；而且新能源汽车的发展势头愈发强劲，凭借其智能化、信息化和使用经济性等诸多优势，在国内迅速推广开来。

2）经济驱动

在市场化推广阶段，使用经济性无疑是最大的市场推动力。从使用阶段车用动力经济性对比来看，不同能源动力展现出明显差异。电动力凭借其较低的用能成本脱颖而出，成为最优选择。以常见的电动汽车为例，百千米电耗为15~20千瓦时，按照目前居民用电价格0.5~0.7元/（千瓦·时）计算，百千米用电成本仅为7.5~14元。相比之下，燃油车的使用成本则明显偏高，以92号汽油为例，当前油价为7~8元/升，普通燃油车百千米油耗为7~10升，百千米燃油成本高达49~80元（表5-2）。

表5-2 使用阶段车用动力经济性对比

动力类型	燃油 （以92号汽油为例）	天然气	电动力	氢燃料
乘用车百千米耗能	7~10升	8立方米	15~20千瓦时	0.8千克
车用动力价格	7~8元/升	4元/米³	0.6元/（千瓦·时）（民用，取中间值） 1.2~1.5元/（千瓦·时）（公用，含服务费）	40元/千克
百千米动力费用/元	49~80	32	9~12（民用） 18~30（公用，含服务费）	32
使用经济性	最差	居中	最优	居中（车价偏高）

3）效益标准

从加油站富余用地资产价值挖掘角度来看，不同能源补给设施单位面积带来的收益存在差异。目前，单位面积带来的收益水平，加气站≈（重卡）换电站＞充电站＞加氢站。加油站富余用地资产价值挖掘对比分析见表5-3。

表 5-3 加油站富余用地资产价值挖掘对比分析

站点类型	LNG 橇装加气站	重卡换电站（理论）	充电站	加氢站（理论）
占地面积/平方米	200	230	13（单桩车位）	2000
投资水平/万元	350	500	10	700~1200
年销量水平	3650~10000 吨	720 万千瓦时	4260 千瓦时	183 吨
价差/服务费水平	350 元/吨	0.45 元/（千瓦·时）	0.45 元/（千瓦·时）	10000 元/吨
年毛利/收费/万元	128~350	324	0.19	183
年运营成本/万元	60~150	130	—	200
年利润水平/万元	68~204	194	0.19	−17
单位面积年毛利/收费（万元/米²）	0.34~1.02	0.84	0.015	−0.0085

4）资源基础

加油站具体转型为哪种类型的综合能源服务站，还要结合资源条件，如站点场站资源（建设条件）、资源来源等。位于城市中心区域的加油站，由于土地资源紧张、周边人口密集，可能更适合发展占地较小、污染较低的充电业务，并且可以利用周边商业氛围，拓展非油业务，打造综合性的能源服务商圈。而在一些偏远地区，土地资源相对丰富，且周边有工业企业或物流园区等能源需求集中的区域，则可以考虑建设加气站、换电站等大型能源补给设施。资源来源条件同样关键，若加油站周边有丰富的太阳能、风能等可再生能源资源，可结合实际情况建设分布式能源发电设施，为站内及周边区域提供清洁电力。

5）转型类型

加油站的转型类型并非一成不变，而是呈现动态变化的特点，现阶段不同区域各有侧重（表 5-4）。

（1）根据天然气汽车市场条件，西北五省份适合适当发展 LNG 加注业务。该地区天然气资源丰富，加气站建设成本相对较低，且当地物流运输行业发达，重卡等天然气汽车保有量较高。因此，西北五省份适合适当发展 LNG 加注业务，以满足当地天然气汽车的能源需求，进一步推动天然气在交通运输领域的应用。

（2）根据新能源汽车市场条件，东部、南部、中部和华北大部分地区，人口密集，新能源汽车的推广力度较大，基础设施建设相对完善，适合发展电、氢加注业务。在此范围内进一步细分，北京、宜宾等 11 个换电试点城市及周边应侧重换电站的试点；加氢站则应侧重在五个示范城市群优先试点。通过在这些地区优先试点加氢站建设，能够充分利用当地的政策支持、技术资源和产业配套，加快氢燃料电池汽车的商业化应用进程。

表 5-4 现阶段加油站转型综合能源服务站类型建议

适合发展 LNG 站的区域	适合发展充换电站和加氢站的区域	
西北五省份 （陕西、甘肃、宁夏、新疆、青海） 华北三省份 （内蒙古、河北、山西）	东部、南部、中部、华北大部分地区	
	侧重发展换电	北京、南京、武汉、三亚、重庆、长春、合肥、济南和宜宾、唐山、包头及周边辐射区域
	侧重发展加氢	京津冀、上海、广东、河北、河南五个示范城市群及周边辐射区域

四、转型潜力

1. 区域市场

为了精确地衡量各区域新能源汽车的发展速度和转型潜力，选取新能源汽车保有量全国占比、年均增速、电动化率和车桩比四个客观关键指标进行测算，详见表 5-5。

表 5-5 各区域新能源汽车和充电桩发展速度

区域	保有量全国占比 /%	保有量年均增速 /%	保有量电动化率 /%	车桩比
东北	3.3	54.0	3.8	3.70
西北	4.3	56.4	4.6	2.66
华北	13.8	42.6	7.1	2.71
华东	38.0	49.6	8.7	2.82
华南	19.6	50.2	11.3	2.74
华中	11.9	54.9	6.9	2.85
西南	9.1	58.8	5.9	2.84

对各区域四个客观指标数值进行排序、赋值和赋权；前三个指标代表新能源汽车的发展基础、发展速度和市场环境，分别采取降序排列，依次赋值 7、6、5、4、3、2、1；车桩比代表基础设施支撑，采取升序排列，依次赋值 1、2、3、4、5、6、7；初步假定各指标权重相同，计算各区域新能源汽车发展潜力，从大到小依次为华南、华东、华北、西北、西南、华中和东北，见表 5-6。

表 5-6 各区域新能源汽车发展潜力分析

区域	保有量全国占比排序	保有量年均增速排序	保有量电动化率排序	车桩比排序	发展潜力排序
东北	1	4	1	1	7
西北	2	6	2	7	17
华北	5	1	5	6	17
华东	7	2	6	4	19
华南	6	3	7	5	21

续表

区域	保有量全国占比排序	保有量年均增速排序	保有量电动化率排序	车桩比排序	发展潜力排序
华中	4	5	4	2	15
西南	3	7	3	3	16

2. 省份市场

采取同样的测算方法或增加更详细的指标或维度,分析各省份新能源汽车发展潜力和转型节奏,依次为江苏、上海、广东、北京、四川等省份。广东在多个指标上表现突出,其新能源汽车发展潜力较大,传统加油站在向综合能源服务站转型过程中,可以更积极地布局充电、加氢等新能源业务。而四川虽然在某些指标上相对较弱,但通过加大政策支持力度、增加基础设施建设投入资金以及提升科技创新能力等措施,也具有较大的发展潜力和转型空间。

五、发展策略

1. 总体发展策略

根据企业传统销售业务布局和新能源业务发展定位,可以增加纯枪市场份额、加油站份额等经营性指标,与客观指标一起影响区域/省份业务转型节奏。

以中国石油为例,对加油站份额升序排列,依次赋值1、2、3、4、5、6、7,对业务转型采取跟随策略减小新能源带来的冲击,基本不影响新能源汽车及补能设施发展潜力排序;反之,如果采取主动出击大力推动加油站业务转型,对加油站份额降序排列,依次赋值7、6、5、4、3、2、1,将会在一定程度上改变各区域发展潜力排序,见表5-7。

表5-7 各区域新能源发展业务分析

区域	客观指标					经营指标		发展潜力排序②	发展潜力排序③
	保有量全国占比排序	保有量年均增速排序	保有量占本区域汽车保有量比例排序	车桩比排序	发展潜力排序①	加油站份额排序②	加油站份额排序③		
东北	1	4	1	1	7	2	6	9	13
西北	2	6	2	7	17	1	7	18	24
华北	5	1	5	6	17	5	3	22	23
华东	7	2	6	4	19	4	4	23	23
华南	6	3	7	5	21	7	1	28	22
华中	4	5	4	2	15	6	2	21	17
西南	3	7	3	3	16	3	5	19	21

①按客观指标发展潜力排序。
②增加加油站份额经营性指标,按加油站份额倒序赋值,发展潜力排序。
③增加加油站份额经营性指标,按加油站份额正序赋值,发展潜力排序。

建议采取区内跟随、区外主动出击发展策略，转型进度安排依次为华南、华东、华中、西南、华北（使用率低）、东北、西北。

2. 区域/省份发展策略

同理，在总体策略的指导下，采取区内省份跟随市场节奏、区外省份主动出击的发展策略，并结合各省份补能设施的利用率和盈利水平。建议省份转型进度安排依次为广西、河南、江苏、浙江、四川、山东等省份。

六、层次把控

根据车辆推广进程和加油站分类，逐步推动加油站转型。

1. 车辆推广

国内新能源汽车的推广进程呈现出鲜明的特点，基本上是从超大城市、特大城市逐步向中小城市以及县城乡镇拓展。在超大城市和特大城市，由于长期受到限购政策对汽车需求的约束，消费者为了获得购车资格，对新能源汽车的需求曾一度旺盛。然而，随着时间的推移，北京、上海等超大城市，新能源汽车销量在经历了快速增长阶段后，近年来增速明显趋缓。与之形成鲜明对比的是，县乡市场正逐步发力。随着国家对农村地区基础设施建设的大力投入，县乡地区的充电设施逐步完善，加之居民收入水平的提高以及对环保理念的逐渐认同，县乡市场对新能源汽车的需求日益增长。2017—2022年国内新能源汽车城市分层消费变化见表5-8。

表5-8 2017—2022年国内新能源汽车城市分层消费变化

城市分类	消费占比/%					
	2017年	2018年	2019年	2020年	2021年	2022年
特大城市	45	43	40	38	29	23
大型城市	21	19	21	21	23	25
中型城市	14	16	17	16	19	22
小型城市	14	15	15	14	15	16
县城乡镇	6	7	7	11	14	14
总计	100	100	100	100	100	100

2. 站点转型

根据新能源汽车的推广进程，加油站转型通常首先从高级别的站点开始推进，如省会站、城市干道站、一类站等。这类站点地理位置优越、车流量大、周边配套设施完善，具备更好的条件来适应新能源汽车补能业务的开展。随着转型的逐步深入，最终发展到低级别站点，如县乡农村站、县乡道路站、四类站等。各类站点的转型并没有严格固定的界限，需要根据周边新能源汽车补能需求和补能设施利用率的具体情况灵活判断。若某个县乡农村站周边新能源汽车保有量较高，且现有的补能设施无法满足需求，补能设施利用率高，那么即便它是低级别站点，也可提前进行转型；相反，若一些高级别的站点周边新能源汽车补能需求不足，补能设施利用率低下，转型的推进则需谨慎考量，避免资源浪费。

3. 层次把控

依据加油站的分类，有步骤、分阶段地推进加油站的转型工作至关重要。在这一过程中，筛选每类站点的建设条件显得尤为关键。对于高级别的站点，除了考虑地理位置、车流量等常规因素外，还需关注周边新能源汽车产业的发展情况，这些因素将影响到未来新能源汽车补能业务的市场潜力。而对于低级别站点，要重点评估当地的经济发展水平、居民消费能力以及充电基础设施的建设现状等。

此外，发展站外站也是极为必要的举措。站外站能够拓展加油站的服务范围，更好地满足不同区域消费者的补能需求。但需要明确的是，并非每类、每个站点都适合转型或能够转型成功。一些偏远地区的站点，由于地理位置偏僻，周边人口稀少，新能源汽车保有量极低，且在可预见的未来也没有明显的增长趋势，这类站点强行转型可能面临巨大的经营风险。因此，在推进加油站转型时，必须充分结合各类站点的实际情况，精准把控转型的层次和节奏，以确保转型工作的顺利开展和可持续发展。

七、综合能源服务站建设

1. 丰富服务内涵，加强顶层设计

为实现传统加油站向综合能源服务站的成功转型，丰富服务内涵并加强顶层设计刻不容缓。综合能源服务站集成加油、加气、充电、换电、加氢等能源补给服务与非油服务于一体，并不断完善服务细节，提高服务质量，拓展服务范围，升级服务内容，其核心目的是实现新旧业务融合发展和服务业态多元化，让客户出行更高效、生活更便捷、消费更实惠。

不仅要求在业务层面实现新旧业务的深度融合发展，还需大力推动服务业态的多元化进程。在补能服务的基础上，逐步拓展业务边界，同时涉足汽车销售领域，尤其是新能源汽车的销售。凭借加油站现有的客户流量和品牌影响力，搭建新能源汽车展示和销售平台，消费者在加油或补能过程中，能够直观地了解和体验新能源汽车的性能与优势，促进新能源汽车的销售。

　　此外，能源增值服务和数据信息服务也是极具潜力的发展方向。能源增值服务方面，可为客户提供定制化的能源套餐，根据客户的能源使用习惯和需求，制定个性化的能源补给方案，如针对电动汽车用户推出夜间低谷电价充电套餐，帮助用户降低充电成本。通过这些多元化的服务举措，构建起一个综合性的能源服务生态系统，提升加油站的市场竞争力和盈利能力。以加油站为基础的综合能源服务站架构设计如图5-3所示。

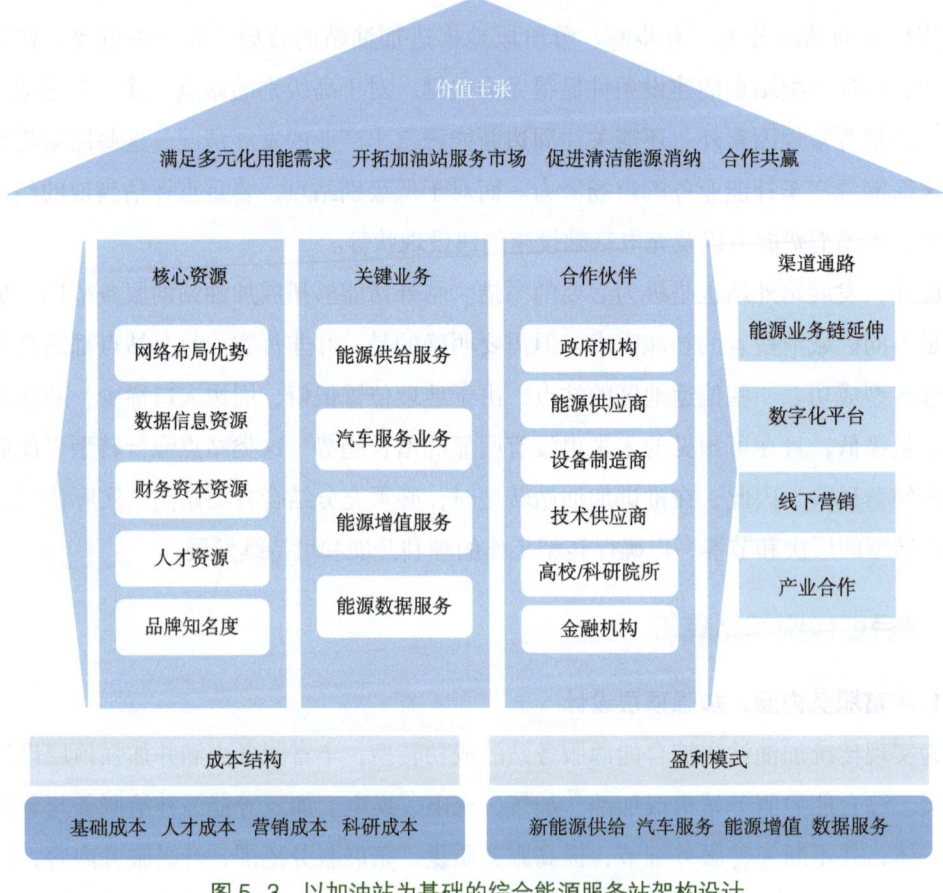

图 5-3　以加油站为基础的综合能源服务站架构设计

2. 制定规划方案，构建服务场景

　　制定科学合理的规划方案并构建完善的服务场景是推动综合能源服务站发展的关键步骤，需从宏观层面进行总体布局，综合考虑区域经济发展水平、新能源汽车保有量及增长趋势、基础设施建设现状等因素，对综合能源服务站的建设和发展进行统筹规划。在实施过程中，坚持有序推进的原则，避免盲目建设和资源浪费。

建议优先在新能源汽车发展速度较快的区域重点培育综合能源补给站的应用场景，如长三角、珠三角等经济发达且新能源汽车普及率较高的地区，加大对综合能源服务站的建设投入。在这些区域建设集加油、充电、加氢、汽车维修保养、便利店等多功能于一体的综合能源服务站，为新能源汽车用户提供便捷、高效的一站式服务。通过在这些区域的先行先试，积累丰富的建设和运营经验，包括如何优化站点布局以提高空间利用率、如何合理配置补能设备以满足不同时段的能源需求、如何制定营销策略吸引客户等。这些经验可以为其他地区综合能源服务站的建设和运营提供宝贵的参考借鉴，促进综合能源服务站在全国范围内的健康、有序发展。

3. 形成标准规范，投资考核引领

为推动综合能源服务站的规范化发展，加快研究制定相关建设标准、服务规范以及支持其运营的信息系统平台的建设至关重要。建设标准方面，明确综合能源服务站的场地规划、建筑设计、设备选型与安装等具体要求，确保站点建设符合安全、环保、高效的原则；规定充电桩的安装间距、加氢站的防火防爆标准等，保障站点的安全运营。服务规范则涵盖从客户接待、能源补给操作流程到售后服务等各个环节，提升服务质量和客户满意度。例如，制定统一的服务话术、明确能源补给的时间限制等。

同时，构建一个高效的信息系统平台，实现对综合能源服务站运营数据的实时监控与管理。该平台可整合能源供应数据、设备运行状态数据、客户消费数据等，通过数据分析为站点运营决策提供支持。在投资和考核方面，政府和相关企业应给予支持和倾斜。政府可以设立专项扶持资金，对符合标准规范的综合能源服务站建设项目给予补贴；企业内部也应建立科学的投资考核机制，对投资建设综合能源服务站的项目进行合理评估和激励，鼓励企业积极参与综合能源服务站的建设与运营，推动行业的快速发展。

4. 价值主张决定转型方向和转型成败

明确的价值主张是传统加油站成功转型为综合能源服务站的核心驱动力，它直接决定了转型的方向和最终成败。打造新能源示范样板站是树立价值主张的有效途径。通过建设一批具有标杆意义的新能源示范样板站，展示综合能源服务站在能源综合利用、服务创新、环境保护等方面的优势和特色。这些样板站可以采用先进的能源技术，太阳能与风能互补发电用于站内能源供应，实现能源的绿色、可持续利用；在服务方面，引入智能化服务系统，为客户提供无感支付、预约补能、车辆远程诊断等创新服务体验。

朝着业务转型成功的方向发展，要求综合能源服务站始终以客户需求为导向，不断

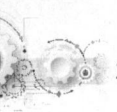

优化服务内容和运营模式。关注客户在能源补给过程中的痛点和需求,如缩短充电等待时间、提高加氢效率等,并通过技术创新和管理优化加以解决。同时,积极拓展与新能源汽车产业相关的上下游业务,与电池回收企业合作开展废旧电池回收业务,实现资源的循环利用,提升企业的社会责任感和品牌形象。通过明确且富有吸引力的价值主张,吸引客户、投资者和合作伙伴的关注与支持,推动综合能源服务站在激烈的市场竞争中脱颖而出,实现可持续发展。

第六章
展望与建议

加油站补能业务从油、气向电、氢迭代转型，销售模式从线下逐渐转向线上，新能源、新生态也不断涌现。但是，油气企业转型也不要盲目，建议传统油气企业在业务转型过程中关注智慧化平台建设，明确投资策略，制定考核体系引领，设置专门的管理机构，加强专业人才的引进和培养，密切跟踪市场研究，精准掌握市场发展动向。

第一节 智慧化建设

不管是销售业务、加油站转型，还是综合能源服务站打造，都离不开数字化、智慧化建设。智慧化建设首先是智慧化的顶层设计，这是对整个转型及建设过程具有全方位指导意义的核心架构。智慧化顶层设计需充分考量行业发展趋势、市场需求变化、技术创新走向以及企业自身的战略定位与资源优势等诸多因素。它为后续的平台系统建设、业务流程优化、服务模式创新等一系列工作指明方向，确保各项工作协调一致，共同服务于整体的发展目标。其次，是平台系统的智慧化建设。必须明确的是，智慧化建设绝不能简单等同于平台系统的建设。平台系统只是智慧化建设中的一个重要载体，其建设与完善需要在智慧化顶层设计的严格指导下进行。

一个智慧化的平台系统，应具备强大的数据采集、传输、储存与分析处理能力。通过在加油站及综合能源服务站部署各类智能传感器、智能设备等，实时收集能源补给数据、设备运行状态数据、客户消费行为数据等海量信息。这些数据经过平台系统的深度分析，能够为运营决策提供精准支持，如根据客户充电习惯优化充电桩的布局与使用时间安排，依据设备运行数据提前进行维护保养，降低设备故障率。同时，平台系统还应具备高度的开放性与兼容性，能够与外部的能源供应商系统、交通管理系统、金融支付系统等实现无缝对接，打造一个全方位、互联互通的能源服务生态网络。

企业数智化转型遵循着既定的路径，即从作业数字化起步，逐步迈向数字平台化，进而实现平台智能化，最终达到智能实战化。但在实际推进过程中，进展并不尽如人意。作业数字化阶段，部分加油站在将传统业务流程转化为数字化流程时，面临着数据录入准确性低、流程衔接不畅等问题。进入数字平台化阶段，一些企业在构建平台时，缺乏整体规划，导致平台功能单一，无法有效整合各类数据资源，难以发挥数据的价值。平台智能化进程中，受限于技术能力与人才储备，许多企业难以实现对大数据的深度挖掘与智能分析应用。而在智能实战化环节，由于前期基础工作薄弱，使得智能化成果在实际运营中无法切实落地，无法有效提升企业的运营效率与市场竞争力。

第二节 投资策略

一、投资领域——具有前瞻性

鉴于电池技术和充电技术正处于高速发展与不断技术革新的阶段，在投资决策时，对于换电业务的发展需持谨慎态度。随着电池能量密度的逐步提升、充电速度的大幅加快，换电业务在成本、便捷性等方面的优势正面临挑战。近年来，快充技术取得重大突破，部分电动汽车已能在较短时间内完成充电，这使得换电业务原本的快速补能优势不再突出。同时，换电业务的前期建设成本高昂，需要投入大量资金用于建设换电站、购置电池等重资产以及构建电池管理系统等，并且换电业务还面临着电池标准不统一、运营管理复杂等诸多问题。因此，在换电站投资布局时，应密切关注电池与充电技术的发展动态，谨慎评估换电业务的投资价值，避免盲目投入导致资源浪费。

二、投资节奏——保持科学性

在投资节奏的把控上，应坚持以市场为导向、以效益为标准、以融合发展为目的的原则，为企业的平稳转型提供有力保障。投资节奏应以市场为导向，紧密贴合市场需求的变化。通过对不同区域新能源汽车保有量的增长趋势、消费者对能源补给服务的需求偏好等市场因素的深入调研与分析，合理安排投资计划。投资节奏以效益为标准，在投资项目的选择与推进过程中，对项目的成本效益进行严格评估，确保投资能够获得合理的回报。在选择建设综合能源服务站的地点时，优先考虑在新能源汽车发展迅速、市场需求旺盛且周边配套设施完善的区域进行投资，以提高站点的运营效益。投资节奏应以新旧业务融合发展、实现企业平稳转型为目的，在投资过程中注重传统业务与新能源业务的协同迭代发展，避免因过度追求新能源业务而忽视了传统业务的稳定运营，通过科学合理地把握投资节奏，实现企业在转型过程中的平稳过渡与可持续发展。

三、投资方式——提升战略性

在不同的发展阶段，投资方式的选择至关重要。

在新能源业务发展初期，如果企业自身具备较强的技术实力、资金储备以及运营管理经验，且对新能源项目资产性质要求较高，可选择自建的投资方式。一些大型能源企业在建设具有战略意义的综合能源服务站示范项目时，往往采用自建方式，以便更好地贯彻企业的发展战略，打造符合企业要求的发展模式。

随着业务的发展与市场环境的变化，当企业希望借助外部力量、轻资产拓展网络规模、降低投资风险时，合资、合建的投资方式则更为适宜。通过与其他企业合作，共享资源、优势互补，共同推进项目的建设与运营。例如，加油站企业与新能源汽车制造商合作建设综合能源服务站，借助汽车制造商的品牌影响力与客户资源，提升站点的知名度与客户流量。

行业重组和整合阶段，若企业希望快速扩大市场份额、整合产业链资源，收购则是一种有效的投资方式。通过收购具有潜力的项目或企业，迅速获取其市场份额、技术专利以及运营团队等资源，实现企业的跨越式发展。然而，目前在投资方式的战略性选择上，仍存在一些不明朗之处。部分企业在选择投资方式时，缺乏对自身战略目标与市场环境的深入分析，导致投资决策失误。因此，企业需要进一步加强对投资方式的研究与分析，提升投资决策的战略性与科学性。

第三节 考核引领

考核引领在推动加油站转型及综合能源服务站建设过程中发挥着至关重要的作用。对于新兴战略业务，在考核标准上应给予充分的倾斜和支持，以此引领企业的转型方向。新能源业务作为未来市场转型的核心方向，目前大多处于市场发展初期、培育期。在这一阶段，不应简单地运用内部收益率、投资回报率等传统指标来严格考核相关项目。因为新能源业务在发展初期，往往需要大量的资金投入用于基础设施建设、技术研发、市场推广等，短期内难以实现较高的收益回报。此时，若采用过于严格的传统考核指标，可能会导致企业因担心投资回报不佳而对新能源业务望而却步，阻碍企业的转型发展进程。因此，要允许试错、积累经验，为新能源业务的发展创造宽松的考核环境。

以宁夏某公司加油站光伏发电项目为例，若严格按照6%的内部收益率来考核，达到建设标准的仅约有50座。这意味着大部分加油站光伏发电项目因无法满足内部收益率指标要求而无法实施，企业将错失在新能源领域布局的良机。如果将内部收益率标准降低至保持0以上，可以建设光伏发电的站点数量将大幅增加至130座。经过深入分析与实践验证，建议下调新能源项目的内部收益率。通过正确的考核引领方式，鼓励企业积极拓展新能源业务，为企业平稳转型和可持续发展奠定坚实基础。

第四节　机构设置

一、设置专门的管理机构

在销售业务向新能源领域加速转型的大背景下，与之适配的管理机构设置显得尤为关键。就当前中国石油销售板块的架构而言，原销售板块投资处应顺应形势更名为新能源处，旨在将工作重心全面聚焦于新能源业务的投资与发展规划。与此同时，智能网联处的成立，紧跟汽车行业智能化、网联化的发展浪潮，致力于推动新能源汽车与智能网联技术的深度融合，为新能源业务开拓更广阔的发展空间。而昆仑网电的设立，更是在新能源业务布局中占据重要战略地位，它承载着构建完善新能源充电服务体系以及创新能源管理模式的重任。

然而，目前省级销售公司在新能源业务机构设置方面存在明显差异。多数省级销售公司尚未设立专职的新能源业务机构，相关工作往往由其他部门人员兼职负责。这种兼职模式在新能源业务发展初期或许能够维持基本运作，但随着业务规模的不断扩大、业务复杂度的持续提升，其弊端逐渐显现，难以满足新能源业务精细化、专业化管理的需求。因此，随着新能源业务在各省级区域稳步推进，各公司对于设立新能源专职管理机构的呼声日益高涨。部分先行先试的省级销售公司已做出积极探索，如中国石油北京销

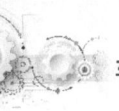

售公司设立了"新能源项目办公室",该办公室负责统筹协调北京区域内新能源项目的规划、立项、推进等一系列工作,确保新能源业务在当地有序开展;中国石油福建销售公司组建了"新能源业务工作组",通过整合公司内部多部门专业人才,形成跨部门协作团队,针对福建地区的市场特点和需求,制定并执行新能源业务发展策略;中国石油宁夏销售公司设立的"新能源项目部",则着重从项目投资、建设、运营等全流程角度,对新能源业务进行精细化管理,推动宁夏地区新能源项目高效落地。

二、昆仑网电专业公司成立

中国石油成立了昆仑网电公司,这一举措具有深远的战略意义。中国石油销售公司充分发挥统筹协调作用,全力推进油、非、电一体化管理模式的落地实施,致力于打破传统业务与新能源业务之间的壁垒,实现各类业务资源的高效整合与共享。同时,中国石油销售公司积极促进客户在不同业务板块之间的互联互通,为客户提供一站式、全方位的能源服务体验。在充电业务的顶层设计方面,成立了昆仑网电专业公司,昆仑网电公司与省级销售公司分工明确。昆仑网电公司主要负责制定全国性的充电业务战略规划、技术标准以及平台建设等宏观层面工作,而省级销售公司则侧重于结合本地市场实际情况,将顶层设计方案进行本地化落地实施,确保充电业务能够精准对接当地客户需求。

1. 发展定位

从发展定位来看,昆仑网电公司立志成为新能源汽车充电服务与能源管理解决方案的行业头部提供商。其依托中国石油在成品油销售网络、资源方面积累的深厚优势,以及自身在充换电领域的专业化能力,积极投身于充电技术的创新升级、智能充电网络技术的优化完善以及跨网融合产业技术的探索突破。通过一系列举措,昆仑网电公司旨在快速扩大全国充电设施网络覆盖范围,显著提升客户规模。对内,昆仑网电公司全力推动油气氢电非业务的协同发展,打破各业务板块之间的信息孤岛,实现资源共享、优势互补,构建起完整的能源生态系统;对外,积极推进产融结合,探索创新商业模式,将新能源业务与金融服务有机结合,为企业发展注入新的动力。昆仑网电公司着力构建一体化新能源"充换电+"产业链,围绕"人—车—生活"打造全方位生态圈,向客户提供涵盖咨询、设计、研发、检验、投资、建设、运营、产品销售等全品类综合生态服务。其目标是建设成为国内一流的集技术创新、应用研究和推广运营为一体的新能源综合运营服务商,在激烈的市场竞争中占据领先地位。

2. 工作界面

中国石油销售公司承担着统一规划和管理成品油销售企业电能业务的重任,通过统筹油、非、电一体化管理，确保不同业务板块之间能够协同共进，实现整体效益最大化。同时，在客户互联互通方面，积极搭建平台，促进客户在不同业务场景下的便捷切换，提升客户服务体验。昆仑网电公司和省区成品油销售企业在业务范围上有着明确的划分原则，即按照加油站外、站内进行区分。昆仑网电公司作为加油站外电能业务投资、运营主体，肩负着拓展站外充电市场、建设和运营"充电运营管理平台"的重要职责。该平台整合了各类充电设施资源，实现了对充电设备的远程监控、智能调度以及数据分析，为客户提供高效、便捷的充电服务。而成品油销售企业则作为加油站内电能业务的投资、运营主体，其充电业务接受昆仑网电公司的专业化管理，并且充电终端全部接入昆仑网电公司的"充电运营管理平台"。这种管理模式既保证了成品油销售企业在站内充电业务上的自主性，又借助昆仑网电公司的专业优势，提升了整体业务的运营水平。此外，考虑到实际运营中的效率和成本因素，昆仑网电公司和成品油销售企业可根据地理位置就近原则，承担站外场站的运营和维保工作。双方按照市场化方式建立甲乙方契约关系，明确各自的权利和义务，通过合理的利益分配机制，促进人力资源的优化配置，提高站外场站运营和维保工作的质量与效率。

第五节 人才培养

随着新能源业务的加速推进，专业人才成为推动产业发展与业务转型的核心要素。不同发展阶段对人才需求呈现多样化特征。

在综合能源服务站建设的清洁替代阶段（2021—2025年），行业急需具备新能源基础知识、充电等基础设施建设和运营的人才。一方面可以通过实战培训提高员工的新能源业务专业技能。例如，江苏和浙江的传统能源销售企业与国内知名新能源设施建设企业合作过程中，派遣员工全程参与项目建设实施，快速积累了实战经验，而且在此期间新能源业务培训人次提高了30%~40%。另一方面，可以通过直接引进电气工程、能源管理等相关专业技术骨干和高校毕业生，加强公司在新能源业务方面的力量。

战略接替阶段（2026—2035年），对复合型人才需求激增。以山东为例，当地销售企业在发展新能源补能设施时，不仅需要懂工程建设的人才，更需要熟悉汽车产业、了解市场需求的复合型人才，以推动新能源汽车与补能设施协同发展。山东某大型能源企业通过与高校联合举办"新能源产业管理"在职研究生课程班，为企业内部员工提供深造机会，培养了一批既懂技术又懂管理的复合型人才，将有效支撑战略接替阶段新能源业务的发展。

绿色转型阶段（2036—2050年），创新型人才至关重要。江苏、浙江等地为实现新能源补能基础设施的智能化、多元化发展，吸引了大量具有大数据、物联网、人工智能等前沿技术背景的人才。这些人才推动了储能服务、能源交易等新兴业务的开拓。例如，浙江某新能源企业成立了专门的创新研发团队，团队成员来自计算机科学、能源经济等多个领域，在短短两年内成功开发出一套智能能源管理系统，显著提升了企业的运营效率和市场竞争力。

第六节 跟踪研究

跟踪研究新能源发展动态对于传统油气企业业务转型至关重要。它能为决策提供科学依据，便于及时调整发展策略。跟踪研究的内容涵盖政策导向、新能源汽车市场发展速度、补能等基础设施建设进度，以及技术发展趋势、对相关行业的影响等多个方面。

以河南省为例，通过建立新能源汽车产业跟踪数据库，实时监测新能源汽车保有量变化。数据库数据显示，2021—2024年，河南新能源汽车保有量逐年递增，同比分别增长25%、30%、35%（表6-1），反映出河南新能源汽车市场的快速发展态势，可为当地补能设施建设规划制定提供重要参考依据。

表 6-1 河南省新能源汽车保有量

年份	新能源汽车保有量/万辆	同比增长/%
2021	50	—
2022	62.5	25
2023	81.25	30
2024	109.69	35

在补能基础设施建设进度跟踪方面，四川省通过卫星遥感技术和地面监测相结合的方式，对全省充电、换电和加氢设施建设进行实时跟踪。在成都平原经济区，原计划在2025年底前建设500座快充站，截至2024年底已建设400座，建设进度达到80%，有效保障了当地新能源汽车的补能需求。

市场需求动态跟踪同样关键。山东通过定期开展市场调研，了解消费者对新能源汽车和补能服务的需求变化。调研发现，随着新能源汽车续航里程提升，消费者对快充速度和加氢便利性的要求日益提高。基于此，山东企业加大在快充技术研发和加氢站布局优化方面的投入。

在技术发展趋势跟踪上，江苏、浙江等省份依托科研机构和高校资源，密切关注全球新能源技术前沿动态，跟踪研究新型电池材料的研发进展。近期，江苏省某科研团队在固态电池研发方面取得重大突破，有望大幅提升电池的能量密度和安全性。

在研究方法上，综合运用定量分析与定性分析。定量分析主要通过大数据分析、统计模型等手段，对新能源产业相关数据进行量化研究。定性分析则通过专家访谈、案例研究等方式，深入剖析行业发展中的问题与机遇。广西在研究边境地区跨境新能源服务站建设时，邀请国际关系专家、能源行业分析师进行研讨，结合实地调研案例，制定出符合当地实际情况的发展方案。

通过持续的跟踪研究，传统油气企业能够及时调整发展策略，优化业务转型路径，确保在新能源产业发展浪潮中抢占先机，实现企业的良性和可持续发展。

参考文献

[1] 北极星风力发电网. 以大代小、风机退役、打造国家新能源基地！内蒙古：2025年风电装机8900万千瓦！[EB/OL].（2022-03-04）[2025-03-25]. https://news.bjx.com.cn/html/20220304/1207994.shtml.

[2] 徐进. 我国电力2024年发展综述及2025年发展展望[EB/OL].（2025-03-25）[2025-03-25]. https://news.bjx.com.cn/html/20250303/1429948.shtml.

[3] 中共中央 国务院关于完整准确全面贯彻新发展理念做好碳达峰碳中和工作的意见[EB/OL].（2021-10-30）[2025-03-25]. https://www.workercn.cn/c/2021-10-30/6738995.shtml.

[4] 山西全面构建"1+N"人才政策体系[EB/OL].（2024-09-06）[2025-03-25]. https://www.gov.cn/lianbo/difang/202409/content_6972704.htm.

[5] 谭芳冰，李门，张莹. 关于广西新能源汽车发展现状及对策研究[EB/OL].（2023-03-03）[2025-03-25]. https://www.xdsyzzs.com/chanyeyanjiu/7933.html.

[6] 数字化转型网. 人工智能在能源行业的应用案例：壳牌公司利用AI技术提速深海石油勘探[EB/OL].（2023-05-20）[2025-03-25]. http://www.szhzxw.cn/%e4%ba%ba%e5%b7%a5%e6%99%ba%e8%83%bd%e5%9c%a8%e8%83%bd%e6%ba%90%e8%a1%8c%e4%b8%9a%e7%9a%84%e5%ba%94%e7%94%a8%e6%a1%88%e4%be%8b%ef%bc%9a%e5%a3%b3%e7%89%8c%e5%85%ac%e5%8f%b8%e5%88%a9%e7%94%a8ai%e6%8a%80/.

[7] 迎接"净零"时代｜致力于实现自有生产设施碳中和[EB/OL].（2021-05-08）[2025-03-25]. https://www.sohu.com/a/465354005_749601.

[8] 中国石化新闻网. 成品油省级集中智能调度让物流配送更加集约高效[EB/OL].（2023-08-02）[2025-03-25]. http://www.sinopecnews.com.cn/xnews/content/2023-08/02/content_7072760.html.

［9］埃克森美孚．Mobil 美孚 EV（TM）助力能效提升，共促新能源汽车行业生态发展［EB/OL］．（2022-12-01）［2025-03-25］．https://www.prnasia.com/story/385873-1.shtml.

［10］中石油菏泽分公司：积极开展加油站小绿地建设［EB/OL］．（2025-03-14）［2025-03-27］．https://www.sohu.com/a/870769218_99965110.

［11］国家能源局．中国石化累计建成充电站超 6000 座［EB/OL］．（2024-03-01）［2025-03-25］．https://www.nea.gov.cn/2024-03/01/c_1310766036.htm.

［12］北极星太阳能光伏网．中国石油塔里木油田最大单体光伏项目在新疆巴州开工［EB/OL］．（2024-05-22）［2025-03-25］．https://guangfu.bjx.com.cn/news/20240522/1378557.shtml.

［13］官宣北京建厂后　宁德时代于北京再签两大合作协议推动电池应用［EB/OL］．（2024-03-15）［2025-03-25］．https://cn.solarbe.com/news/20240315/87109.html.

［14］服务绿色冬奥　中国石油在京首座加氢站投运［EB/OL］．（2022-08-15）［2025-03-25］．http://www.jjckb.cn/2021-08/15/c_1310128513.html.